Report on the Lottery Industry in China V:
Perfection and Application of the Index System
on Conscious Selection for the Chinese Lottery Players

中国彩票业市场分析报告 V

彩票购买者有意择号指数的完善与应用

李刚 著

中国财经出版传媒集团
中国财政经济出版社

图书在版编目（CIP）数据

中国彩票业市场分析报告.Ⅴ,彩票购买者有意择号指数的完善与应用/李刚著. ——北京：中国财政经济出版社，2022.6

ISBN 978-7-5223-1258-3

Ⅰ.①中… Ⅱ.①李… Ⅲ.①博彩业-市场分析-研究报告-中国 Ⅳ.①F719.52

中国版本图书馆 CIP 数据核字（2022）第 042352 号

责任编辑：刘五书　　　　　责任印制：张　健
封面设计：孙俪铭

中国彩票业市场分析报告 Ⅴ

ZHONGGUO CAIPIAOYE SHICHANG FENXI BAOGAO V

——彩票购买者有意择号指数的完善与应用

中国财政经济出版社　出版

URL：http：//www.cfeph.cn

E-mail：cfeph@cfeph.cn

（版权所有　翻印必究）

社址：北京市海淀区阜成路甲 28 号　邮政编码：100142

营销中心电话：010-88191522　编辑部门电话：010-88190666

天猫网店：中国财政经济出版社旗舰店

网址：https://zgczjjcbs.tmall.com

北京中兴印刷有限公司印刷　各地新华书店经销

成品尺寸：170mm×240mm　16 开　8.75 印张　176 000 字

2022 年 6 月第 1 版　2022 年 6 月北京第 1 次印刷

定价：78.00 元

ISBN 978-7-5223-1258-3

（图书出现印装问题，本社负责调换，电话：010-88190548）

本社质量投诉电话：010-88190744

打击盗版举报热线：010-88191661　QQ：2242791300

摘　要

　　彩票购买者心理健康是责任彩票战略的核心内容，它保证了彩票发行的"过程公益"，彩票公益金切实用于公益事业保证了"结果公益"，两者共同构成了政府垄断发行彩票的合法性基石，并且"过程公益"比"结果公益"更为重要。

　　本书基于行为经济学视角，根据数理统计模型，完善了中国彩票购买者有意择号行为的指标体系，并与国外代表性彩票品种相应指标加以比较。我们发现，中国彩票购买者有意择号行为程度偏高，并主要表现为较强烈的赌徒谬误心理，彩票规则对购彩者有意择号行为有明显的影响，关注这一行为对于彩票机构有重大意义。中国彩票相关机构应当制订合理规则缓解彩票购买者有意择号行为，策略性提高单注奖金封顶限额，继续从严控制高频类各品种玩法，并向国际彩票领域推广本书指标体系。

　　本书所构建的方法与体系，可以普适地应用于各种玩法的彩票，结果也更加准确，进而提供了一套能够及时而准确地反映中国彩票购买者心理健康程度的"晴雨表"。本书还将描述各时期和各品种彩票购买者的有意择号程度，找出其影响因素并与国外彩票相关情况对比。在此基础上，我们将为相关部门制定"问题彩民"相关政策提供突破口与着力点，为其实施"责任彩票"战略提供思路。

目　录

第1章　绪论 ··· 1
   1.1　写作背景 ·· 1
   1.2　本书结构 ·· 2
   1.3　说明 ·· 3

第2章　相关文献回顾与评论 ··· 4
   2.1　人们购买彩票的原因 ··· 4
   2.2　控制幻觉 ·· 4
      2.2.1　控制幻觉的含义 ·· 4
      2.2.2　外界祈福 ·· 5
      2.2.3　有意择号 ·· 5
   2.3　文献综述 ·· 8
      2.3.1　行为经济学角度更为合理 ·· 8
      2.3.2　有意择号问题更为重要 ··· 8
      2.3.3　文献评论 ·· 10
      2.3.4　小结 ·· 12

第3章　有意择号指数的构建思路 ·· 14
   3.1　构建原则 ·· 14
      3.1.1　准确性 ··· 14
      3.1.2　普适性 ··· 14
      3.1.3　实用性 ··· 14
   3.2　构建方法 ·· 14
      3.2.1　实际中奖注数为零时的处理 ·· 14
      3.2.2　随机因素干扰的消除 ·· 16
      3.2.3　各时频综合指标的构建 ··· 18

3.3 稳健性检验 ··· 19
    3.3.1 各指标构建方法对比 ·· 19
    3.3.2 部分数据的估算 ··· 23

第 4 章 中外各国样本彩票概况 ·· 25

4.1 数据来源 ··· 25
    4.1.1 中国各支彩票数据来源 ··· 25
    4.1.2 外国各支彩票数据来源 ··· 25
4.2 乐透型彩票概况 ·· 26
    4.2.1 中国各支乐透型彩票概况 ··· 26
    4.2.2 外国各支乐透型彩票概况 ··· 36
4.3 数字型彩票概况 ·· 59
    4.3.1 中国各支数字型彩票概况 ··· 59
    4.3.2 外国各支数字型彩票概况 ··· 63

第 5 章 彩票购买者有意择号行为的程度 ······························ 68

5.1 乐透型彩票 ··· 68
    5.1.1 单期各综合指数情况 ·· 68
    5.1.2 年度各综合指数情况 ·· 70
5.2 数字型彩票 ··· 74
    5.2.1 单期各综合指数情况 ·· 74
    5.2.2 年度各综合指数情况 ·· 76
5.3 综合分析 ··· 80
    5.3.1 跨彩种分析 ·· 80
    5.3.2 跨类型分析 ·· 81
    5.3.3 跨国别分析 ·· 81

第 6 章 彩票购买者有意择号行为的表现 ······························ 84

6.1 乐透型彩票 ··· 84
    6.1.1 游戏规则简介 ·· 84
    6.1.2 号码偏好 ··· 85
    6.1.3 错误预测 ··· 90
6.2 数字型彩票 ··· 94
    6.2.1 游戏规则简介 ·· 94

  6.2.2 号码偏好 …………………………………………………… 94
  6.2.3 错误预测 …………………………………………………… 98
 6.3 综合分析 ……………………………………………………………… 103
  6.3.1 跨彩种分析 ………………………………………………… 103
  6.3.2 跨类型分析 ………………………………………………… 104
  6.3.3 跨国别分析 ………………………………………………… 104

第7章 彩票问题的进一步分析 …………………………………………… 106
 7.1 超级大乐透异常现象的解释 ……………………………………………… 106
  7.1.1 中奖号码出现频次的异象 ………………………………… 106
  7.1.2 超高奖池积累的异象 ……………………………………… 110
 7.2 其他相关问题 ………………………………………………………… 112
  7.2.1 中国乐透型彩票奖金封顶限制的影响 …………………… 112
  7.2.2 中国数字型彩票游戏规则变化的影响 …………………… 114
  7.2.3 各类彩票游戏其他规则变化的影响 ……………………… 115
  7.2.4 其他事项 …………………………………………………… 117

第8章 结论与建议 …………………………………………………………… 121
 8.1 结论 ……………………………………………………………………… 121
  8.1.1 中国彩票购买者有意择号行为程度偏高 ………………… 121
  8.1.2 中国彩票购买者表现出较强烈的赌徒谬误 ……………… 121
  8.1.3 彩票规则对购买者有意择号行为有明显影响 …………… 121
  8.1.4 彩票购买者有意择号问题对彩票机构意义重大 ………… 122
 8.2 建议 ……………………………………………………………………… 122
  8.2.1 制订规则影响彩票购买者有意择号行为 ………………… 122
  8.2.2 策略性提高单注奖金封顶限额 …………………………… 123
  8.2.3 继续从严控制高频类各品种玩法 ………………………… 124
  8.2.4 加强跨部门跨领域的交流与合作 ………………………… 125
  8.2.5 向国际彩票领域推广本书指标体系 ……………………… 126
 8.3 后续性研究 …………………………………………………………… 126

参考文献 ……………………………………………………………………………… 127

第1章 绪论

1.1 写作背景

进入21世纪以来,中国彩票业取得了快速的发展,2021年全国国内生产总值为113.32万亿元,是2000年的10.37倍;而全国彩票总销量为3732.85亿元,是2000年的20.62倍,是同期全国图书零售市场码洋规模的3.78倍,是电影票房收入的7.90倍。

与此同时,彩票购买者心理健康问题日益受到社会各界的关注,因购买彩票心理不健康而导致的悲剧事件时有发生,并有加重趋势。2018年和2019年,中国体育彩票和中国福利彩票先后通过了世界彩票协会(World Lottery Association, WLA)的责任彩票框架三级认证(Level 3 of the WLA Responsible Gaming Frameword),并都已着手向获得最高第四级认证努力。世界彩票协会责任彩票框架体系中最为核心的内容就是对彩票购买者的保护,工作重点是"彩票购买者健康心理的引导"。

本书在已有研究的基础上,基于行为经济学视角,采有数理统计的定量方法,进一步完善了中国彩票购买者有意择号指数(以下简称有意择号指数),并与境外国家或地区代表性彩票品种相应指标加以比较,就如下几个方面的问题展开了探讨:

彩票购买者有意择号指数体系进一步完善;
各品种彩票购买者心理健康程度整体情况;
彩票购买者心理健康程度的各项影响因素;
提高彩票购买者心理健康程度的政策建议;
扩充责任彩票内涵提升中国彩票国际地位。

1.2 本书结构

本书内容共分为 8 章。

第 2 章回顾与总结了研究彩票购买者心理的相关文献，相对于传统经济学，行为金融学能够更合理地解释人们购买彩票的原因。受控制幻觉因素影响，一方面，人们认为通过某些方法来投注彩票，会提高中奖概率，进而主观期望收益增加；另一方面，在采取这些方法的过程中，人们体验到了某种控制感，进而获得了主观效用。这两个方面都会促使人们购买期望收益率远小于 1 的彩票。控制幻觉可细分为"外界祈福（External Praying）"和"有意择号（Conscious Selecting）"两类，有意择号分为号码偏好（Number Preference）与错误预测（Mis-prediction）两类形式。无论是外界祈福还是有意择号，都体现了彩票购买者不健康的心理，但前者只是导致彩票购买者对自己中奖信心增加进而提升彩票的购买量，但后者除了会导致上述效果外，还会引发以下负面效果：彩票市场非有效；彩票购买者损失惨重；彩票发行机构面临财务风险。

第 3 章介绍了本书构建中国体育彩票购买者有意择号指数的方法。基于准确性、普适性和实用性三大原则，利用数理统计方法，我们将解决于如下两个问题：实际中奖注数为零时的处理和随机因素干扰的消除，进而构建出彩票购买者有意择号的各时频综合指标。同时，我们还比较了其他用于衡量彩票购买者有意择号程度的备选方法，证明了本书选择的方法最优。

第 4 章介绍了本书样本彩票的基本情况。本书中的样本彩票包括 4 支中国体育彩票、3 支中国福利彩票、4 支日本彩票、1 支英国彩票、2 支加拿大彩票以及 4 支美国彩票，共计 5 个国家的 18 支彩票。其中，乐透型彩票共有 10 支，中国 4 支，外国 6 支。中国彩票为中国体育彩票超级大乐透和七星彩，中国福利彩票双色球和七乐彩；外国彩票为日本宝签彩票乐透七和乐透六，英国国家彩票大乐透，加拿大国家彩票乐透 649，美国跨州彩票强力球和超级百万。数字型彩票共有 8 支，中国 3 支，外国 5 支，分别为中国体育彩票的排列五和排列三、中国福利彩票的 3D，日本宝签彩票的数字四（Numbers 4）和数字三（Numbers 3），加拿大安大略省的选三（Pick 3），美国得克萨斯州的选四（Pick 4）和选三（Pick 3）。各支彩票截止日期均为 2021 年 6 月 30 日。

第 5 章分析了各支彩票购买者有意择号行为的程度。我们发现，各支彩票的历年有意择号程度指数都大于 0，综合偏离比例等于 0，说明中外各支彩票购买者都表现出了明显的有意择号现象，却根本不能提高中奖概率，因此这一行为是非理性的。相对于中国福利彩票以及外国彩票,中国体育彩票购买者的有意择号程度更高;相对于中国体育彩票乐透型各品种,中国体育彩票数字型各品种的有意择号程度更高。

第6章分析了彩票购买者有意择号行为的表现。我们发现,外国各支彩票有意择号主要表现为"号码偏好",中国彩票购买者的有意择号主要表现为"错误预测",并且无论是短期还是长期,都体现为赌徒谬误,体育彩票程度强于福利彩票。彩票购买者选择自己偏好的号码,如生日号码或文化吉祥号码,虽然不能提高中奖概率,但至少可以获得某些主观效用,因此,这种心理错误的严重性并不大。但如果怀着赌徒谬误心理,长期跟踪此前数十期甚至上百期中奖号码,无端地浪费大量时间和精力,却并不能提高中奖概率,并且就算侥幸中奖,总奖金在众多中奖者中均分,单注奖金也很低。因此,这种心理是"错上加错"。

第7章进一步分析了与彩票购买者有意择号相关的其他问题。我们发现,中国体育彩票超级大乐透历史上部分号码出现频率过高的异象,导致了这支彩票购买者过度投注这些号码,加强了有意择号行为。目前中国彩票业的大奖封顶,反而会加强彩票购买者的非理性行为,这在事实上违背了实施这一政策的初衷。单注价格、开奖频率和中奖难度的提高,会加强彩票购买者的有意择号行为,而单注奖金提高及限号政策则会缓解这一行为。彩票购买者的有意择号行为会给彩票发行机构带来运营风险。

第8章是结论和建议。基于此前各章分析结果,我们发现,彩票购买者有意择号行为会给彩票发行机构带来运营风险。中国彩票相关机构要高度重视彩票购买者有意择号问题,并采取诸多手段完善各彩票品种的规则来影响彩票购买者的行为,如策略性提高单注奖金封顶限额,继续从严控制高频类各品种玩法,加强跨部门跨领域的交流与合作以及向国际彩票领域推广本书指标体系等。

1.3 说明

本书部分内容,以"中国体育彩票购买者有意择号指数体系的完善与应用"为题目,发表于《体育科学》2019年第10期。未经本书作者许可,任何机构或个人不得以翻版、复制、发表、引用或再次分发他人等任何形式侵犯本书版权。如征得本书作者同意进行引用、刊登的,需在允许的范围内使用,并注明出处"上海师范大学商学院"。我们尤其强调的是,任何机构或个人,不得对本书进行任何有悖原意的引用、删节和修改。

第 2 章 相关文献回顾与评论

2.1 人们购买彩票的原因

早在 18 世纪,亚当·斯密在其经济学奠基性著作《国富论》中就曾论及彩票,并且认为"获得某种大奖的徒然希望是产生这种需求(购买彩票)的唯一原因"。

Friedman & Savage(1948)、Ng(1965)、Rubson & Paul(1979)、Eddie(1999)、Garrett & Sobel(1999)、Diecidue et al.(2003)、李刚和茆训诚(2006)等研究从传统经济学视角出发,在理论上证实了完全理性的人也会购买彩票。

行为经济学将行为心理学相关理论融入传统经济学,以"行为人"取代"理性人",发现由于各种认知偏差,相当多数人群有意愿购买一定数量的彩票。特别是,大量行为经济学重要文献,均将彩票作为一个"理想"的研究对象和工具,探讨人们在不确定条件下的选择。例如,在 Kahneman & Tversky(1979)这篇行为经济学基石性的经典论文中,作者就以大量彩票事例,描述了在风险条件下人们的决策方式。

2.2 控制幻觉

2.2.1 控制幻觉的含义

Langer(1975)提出了控制幻觉(Illusion of Control)这一概念,它是指人们实际上很少甚至根本没有影响到外部因素,却自以为能够控制或者至少影响了外部因素,结果对自己成功的主观可能性的估计高于客观可能性。作者发现,即使在纯粹由运气决定的购买彩票活动中,如果能够主动参与和选择,购彩者也会感觉中奖的机会更高一些。

控制幻觉是导致人们购买彩票的重要原因。一方面，人们认为通过某些方法来投注彩票，会提高中奖概率，进而主观期望收益增加；另一方面，在采取这些方法的过程中，人们体验到了某种控制感，进而获得了主观效用。这两个方面都会促使人们购买期望收益率远小于1的彩票。

通过对国内外相关文献进行梳理，我们将彩票购买者控制幻觉分为"外界祈福（External Praying）"和"有意择号（Conscious Selecting）"两类。

2.2.2 外界祈福

外界祈福是指彩票购买者向外界寻找启示，以希望提高自身中奖概率。Ariyabuddhiphongs & Chanchalermporn（2007）对比了泰国两组彩票购买者，前者在投注彩票前先到寺庙里寻找一些号码线索（Number Clues），后者直接在投注店里购买彩票。作者发现，相对于后一组，前一组人群对于中奖的渴望和迷信思想更为强烈，他们购买彩票的频次和金额也相对更高。Guryan & Kearney（2008）发现，在美国得克萨斯州的某个彩票投注店销售出大奖，也即这个投注店成为幸运店（Lucky Store）以后，未来一周该店彩票销量会增加37.7%，同一邮政区的其他投注店销售也会增加14.1%。幸运店效应会逐步消退，到40周以后将恢复到常态。其背后原因在于，大奖开出后，这家幸运店会被宣传为一个"风水宝地"，吸取民众到此投彩票。同样，2010年8月10日，上海市杨浦区大连路一投注站销售出2.59亿元大奖，第二天有众多市民到此购买彩票来"沾沾喜气"，当天彩票销量增长了3倍。Yuan（2015）在淘宝网收集了52489个用户在两个月内的388123个面板数据，发现在当时中国网络售彩被允许时，购彩者会关注"合买发起者"的历史收益率，进而倾向于跟随近期收益率高的发起者一起合买彩票，尽管实际上前期收益率对未来收益率根本没有任何影响。

2.2.3 有意择号

（1）有意择号的含义

有意择号是指购彩者并非随机而是根据某些规则有意识地选择号码。Thaler & Ziemba（1988）发现，尽管彩票中奖号码是随机产生的，但人们通常以生日、门牌号等作为投注号码，并且这一偏好是持久稳定的。进一步，Cook & Clotfelter（1993）最早明确提出了"有意择号"这一概念，并将其原因解释为"人们并不接受关于机会的科学观点，而是相信通过采取某些技巧或努力，可以提高彩票中奖概率"。显然，这是控制幻觉的体现。

彩票购买者的有意择号行为分为号码偏好（Number Preference）与错误预测（Mis-prediction）两类形式。

(2) 号码偏好

号码偏好是指购彩者会对各号码或号码组合有不同的偏好，喜欢投注的为热号码（Hot Number），讨厌的为冷号码（Cold Number），可细分为单个号码偏好（Single Number）与组合号码（Combination Number）偏好两种方式。

①单个号码偏好。单个号码偏好是指购彩者对于某个特定号码有特殊的偏好。

Chernoff（1981）发现，马萨诸塞州的一种四位彩票，购彩者不喜欢0或9；Thaler & Ziemba（1988）引述 Ziemba et al.（1986）的结果，在美国一支49选6的乐透型彩票中，人们对12个号码选择的频次低于所有号码平均频次的15%—30%。

此后，Joe（1987）对加拿大"49选6"乐透型彩票、Haigh（1997）对英国国家彩票、Henze（1997）对德国"49选6"乐透型彩票、何淮中等（2004）对中国台湾"42选6"乐透型彩票、Ding（2011）对中国"22选5"乐透型彩票以及 Wang et al.（2016）对荷兰乐透型彩票等系列研究都发现：一方面，文化习俗会影响人们投注号码的选择。例如，人们喜欢的单个号码基本上是彩票发行地文化的吉祥数字，如在西方为7，中国为8或9等；不喜欢的数字，是发行地文化的厄运数字，如中国的14。另一方面，人们喜欢选择一些纪念日作为投注号码。因此，小于等于31特别是小于等于12的数字，更多地被购彩者选择。

②组合号码偏好。组合号码偏好是指购彩者对"一套"组合号码的偏好。

人们会根据家庭住址、生日或其他特殊纪念日等数字来选择组合号码，上述文献都发现了这些现象。同时，人们还会选择一些看起来有趣的号码，如 Simon（1999）发现，"7，14，21，28，35，42"是数字7的乘积，它是英国国家彩票的购彩者最喜欢选择的号码组合，在德国和瑞士也分别排名第二和第三。组合号码"1，2，3，4，5，6"在英国每期都被投注一万次，同样在德国和瑞士也排名前六位。Wang et al.（2016）发现，荷兰彩票购买者最喜欢投注的组合号码前三位依次为"01，11，21，31，33，41""07，14，21，28，35，4"和"01，02，03，04，05，06"。

彩票票面的号码印制方式也会影响人们投注号码的方式。例如，Henze（1997）发现，德国彩票的购彩者喜欢能够使彩票票面看上去好看（nice looking）的号码组，如直线或一个十字架，或者各号码的间距相同；同样，Wang et al.（2016）也发现，荷兰彩票的购彩者喜欢将投注号码组合在彩票票面上形成一个漂亮（aesthetics）的图案，如一条直线或一个四边形。购彩者对他们选择组合数字产生的乐趣远大于负收益带来的不快。

(3) 错误预测

错误预测是指彩票中奖号码是随机的，但购彩者却试图从过去中奖号码中找规律来错误地预测当下中奖号码，可细分为赌徒谬误（Gamblers's Fallacy）和热手效应（Hot-hand Effect）两种方式。

①赌徒谬误。赌徒谬误是指购彩者错误地主观认为，某一中奖号码发生之后近期再发生的概率会降低；某一中奖号码前期一直没有发生，近期发生的概率会提高。

Clotfelter & Cook（1993）指出，赌徒谬误是指即使各期结果是完全独立的，但人们往往会主观错误地认为某一结果发生之后近期再发生的概率会降低；反之，某一结果前期一直没有发生，近期发生的概率会提高。

Langer & Roth（1975）发现，在抛硬币这样纯粹随机的事件中，即使是非常理性的人（文中的实验参与者为耶鲁大学的本科生），并且这些人也明知随机性，但他们还是试图从过去的结果中来找出一些规律。例如，当硬币连续三次是正面时，几乎所有参与者都认为下一次是反面。Clotfelter & Cook（1993）发现，对于马里兰州的三位彩票，当某个号码成为当期中奖号码时，未来几天人们对这一号码的投注量会急剧下降，要到3个月以后才恢复到正常水平。

Suetens & Tyran（2012）考察了丹麦"36选7"乐透型彩票购买者连续28周的择号方式，发现男性倾向于避开投注此前的中奖号码，而女性则没有表现出这一行为。Ji et al.（2015）比较了加拿大不同文化组别在赌徒谬误中表现出来的差异，发现相对于欧洲后裔，亚洲后裔表现出更多的赌徒谬误，作者将其归咎为不同文化认识造成的潜意识影响。

②热手效应。热手效应又被称为赌徒谬误Ⅱ，是指购彩者错误地主观认为，某一中奖号码发生之后近期再发生的概率会提高；某一中奖号码前期一直没有发生，近期发生的概率会降低。

热手效应的概念源自于美国职业篮球比赛（NBA）。比如，某个球员某一赛季的平均命中率为60%，在某场比赛中如果他连续4次投篮都命中了，队员、教练、观众包括他自己都会认为他状态好，第五次投篮的命中可能性会高于60%。但是Gilovich et. al.（1985）以及后续研究者都发现，"热手效应"是一个错觉。也就是说，当某个球员连续投篮都命中时，下一次投篮的命中率与赛季平均命中率一致，并没有显著的提高。

具体到彩票方面，Zaman & Marsaglia（1990）和Keren & Lewis（1994）等发现，人们会观察近期各个号码被开出的频率，并将其与理论值的偏差归因于摇奖机或摇奖球的不均匀所致，因此就会更多投注近期开出的号码。Fong et al.（2014）研究了中国澳门一家娱乐场"骰宝"游戏参与者2645次的投注行为，结果发现中国购彩者倾向投注于近期频繁出现的开奖结果。

③赌徒谬误和热手效应的关系。赌徒谬误与热手效应的表现相反且同时

并存。

第一,不同群体的购彩者表现不同。例如,Croson & Sundali(2005)考察了美国某家赌场中 139 名玩家 18 小时轮盘游戏的 24131 次投注数据,发现赌徒谬误和热手效应同时存在。Croson & Sundali(2006)利用内华达州雷诺地区一个大型赌场中赌博者的经验数据,检验了赌徒谬误和热手效应的存在性、普遍性以及两者之间存在的关系,结果发现两种表现各占购彩者的一半,作者将其归咎为个体信念的差异。

第二,同一群体购彩者在不同时期的表现不同。例如荷淮中等(2006)发现,中国台湾的购彩者在短期内表现为赌徒谬误,长期则转变为热手效应。作者认为,导致热手效应的原因是启发式偏差,即购彩者更容易记住频繁出现的号码。

2.3 文献综述

2.3.1 行为经济学角度更为合理

传统经济学视角下的文献,只能说明一部分人会购买少量彩票,但并不能充分解释为什么世界各个国家或地区都存在庞大的彩民规模和巨额的彩票销量。例如,2018 年,中国电影票房收入仅为 609.76 亿元,图书零售市场规模 894 亿元,两项合计仅为体育彩票销量的 52.41%。

因此,从行为金融学角度出发来研究人们购买彩票的原因更为恰当。实际上,国际上有越来越多的行为经济学文献涉及甚至专注于彩票相关领域,相关研究已非常深入和系统。例如,内容同时包含"Lottery"和"Behavioral Economics"的英文论文,在谷歌(Goole)学术中可搜索到 11400 篇,其中 2000 年及以后有 11000 篇,2010 年及以后有 9210 篇。作为对比,内容同时包含"彩票"和"行为经济学"的中文论文,在谷歌学术中只可搜索到 120 篇,全部发表于 2000 年及以后,其中 2010 年及以后有 79 篇(搜索时间为 2021 年 10 月 5 日)。

2.3.2 有意择号问题更为重要

无论是外界祈福还是有意择号,都体现了彩票购买者不健康的心理,但前者只是导致彩票购买者对自己中奖的信心增加进而提升彩票购买量,但后者除了会导致上述效果外,还会引发以下三个负面效果。

(1)彩票市场非有效

借鉴 Fama(1970)的思路,Thaler & Ziemba(1988)提出了"彩票市场有

效性（Lottery Market Effeciency）"概念：其一，如果所有择号方法都将取得完全相同的期望收益率，彩票市场是"强有效"的。其二，如果不同择号方法期望收益率有所不同，但在任何时候都不可能获得"正"期望收益率，彩票市场是"弱有效"的。其三，如果在某些条件下采取某个择号方法可以取得正期望收益率，彩票市场是"非有效"的。

在浮动赔率（Pari-mutuel Odd）的形式下，当期总奖金是固定的，单注奖金的数量与中奖注数成反比。这样，有意择号行为会导致各个号码的期望收益率不同，进而使得彩票市场不能够是强有效的。Simon（1998）发现，选择那些其他购彩者不愿投注的号码，获得的收益率将提高4倍。

（2）彩票购买者损失惨重

李刚（2009）发现，在中国有意择号程度高的省份，数字型彩票销量占收入的比重相对较高。进一步，李刚（2013）发现，彩票购买者存在赌徒谬误心理时，当他们发现某个号码相当长时间内未被开出时，就会一直投注这些号码。如果当期没有中奖，下一期会投入更多，以希望中奖奖金把现在和过去的本金都赢回来。同样，Suetens et al.（2016）发现，丹麦乐透型彩票购买者，由于有意择号现象，他们选择的号码没有成为中奖号码时，本金全部输掉；即使他们选择的号码成为了中奖号码，当期中奖人数过高，单注奖金也会大幅减少。同时，有意择号程度越强的购彩者，越会倾向于投注更多的彩票。这样相对于其他购彩者，有意择号程度更高的购彩者，其损失将更为惨重。

（3）彩票发行机构面临财务风险

由于有意择号，一些号码被过度投注，一旦这些号码被作为中奖号码开出以后，中奖注数就会非常之高。例如，Baker & McHale（2009）介绍了一个极端而又真实的事例。2008年3月19日，加拿大的国家彩票"乐透649"这支彩票，中奖号码为"23，40，41，42，43，44，45"（其中43为特殊号码，其余为基础号码），结果有239注猜中了五个基本号码加特殊号码即获得了二等奖，而根据概率计算理论上当期期望二等奖数量仅应为2.83注。由于采用浮动赔率，奖金大幅减少，只有1193.70加元，仅为上一期的1.12%。

但是，如果彩票采取的是固定赔率（Fixed Odd），彩票发行机构就会面临巨大风险。例如，2008年5月3日，中国体育彩票排列三开出"999"的中奖号码，当期排列三全国销量2746.1106万元，直选中奖注数90084注，总奖金应为9008.4万元，是销量的3.28倍。为防止类似情况再次发生，次日中国体育彩票管理中心采取"限号政策"，但由于"彩民不买账"，当年体彩排列三销量相对前一年下降多达38.99%，并且随后一直没有起色。

2.3.3 文献评论

整理代表性文献的基本情况，见表2-1，已有研究在如下方面存在完善之处。

表2-1　代表性文献的总结

作者	数量	发行地域	彩票名称	玩法	数据起止时期	时段	研究重点
Clotfelter & Cook（1993）	1	美国马里兰州	3 digit	数字型三位数	1988年3月至1988年4月	2个月	赌徒谬误式错误预测
Henze（1997）	1	德国巴登符腾堡州	德国乐透	乐透型49选6	1993年10月16日	一天	号码偏好
Simon（1999）	1	英国	国家彩票	乐透型49选6	1996年10月20日	一天	号码偏好
Farrell et al.（2000）	1	英国	国家彩票	乐透型49选6	1994年11月至1996年2月	一年半	号码偏好
何淮中等（2006）	1	中国台湾	大福彩	乐透型42选6	2002年1月至2003年12月	2年	号码偏好、错误预测
李刚（2007）	8	中国内地	各地乐透型彩票	乐透型N选7	各彩种发行日至2006年12月	2年至7年不等	号码偏好、错误预测
Baker & McHale（2009）	2	英国	国家彩票	乐透型49选6	1994年11月至2009年3月	15年	号码偏好
		西班牙	Primitiva	乐透型49选6	1997年10月至2005年1月	8年	
李刚（2009）	5	中国，日本，加拿大安大略省	各地三位数彩票	数字型三位数	各彩种发行日至2008年12月	3年至11年不等	号码偏好、错误预测
Ding（2011）	1	中国	选5	乐透型22选5	2009年10月至2010年8月	一年	号码偏好、错误预测
Wang et al.（2016）	1	荷兰	Dutch Lotto	乐透型45选6	2010年4月至2012年12月	2年	号码偏好、错误预测
Suetens et al.（2016）	1	丹麦	Lotto	乐透型36选7	2005年6月至2005年12月	半年	赌徒谬误式错误预测

(1) 研究彩种

已有文献研究的彩种基本上都是乐透型彩票，这存在两个问题：

①这类彩票在各个地域的具体玩法上差别很大。例如，英国国家彩票或中国香港六合彩是"49 选 6"，中国内地体育彩票超级大乐透是"35 选 5 加 12 选 2"，美国强力球（Power Ball）是"69 选 5 加 26 选 1"。

甚至对于玩法相近的彩票，不同地域的票面印制方式也不同。以"49 选 6"为例，英国是五列十行（最右下角空白），德国是七乘七的正方格。这样，就会缺乏统一口径来比较各地域不同彩票的购彩者有意择号表现的异同。

②这些文献主要是采用实际中奖注数与理论中奖注数的差异来衡量有意择号程度。乐透型彩票中奖概率极低，为上百万分之一甚至上亿分之一，这一方法极易受随机因素的干扰。

(2) 研究主题

已有文献都证实了购彩者普遍存在有意择号现象，但只涉及"是否"的定性层面，尚未涉及"多少"的定量层面。这些文章并未设计出可靠指标来衡量购彩者有意择号的程度，更没有对彩种间的各方面进行比较。

通过对不同文献关于不同地区购彩者的有意择号行为进行比较分析，我们可以发现，地域不同、文化不同、购彩者所处环境不同都会影响购彩者的有意择号行为，但即使是对同一区域的购彩者而言，不同研究得出的结论也有所差异。

样本的选择方式可分为直接获取（如在赌场中通过观察赌博游戏得到数据）和间接获取（如从彩票管理部门或网站发布的中奖号码中抽取数据）两种。直接获得的数据通过直观的观测较为准确，但同时其观测范围也较小，往往集中在同一家赌场。另外，观测的时间长度也很容易受到限制，所以使用该方式获取的样本所得结果可能会出现解释力不足的现象。而通过间接方式获得的样本量一般较大，得到的结果适用性也比较广泛，如果扩大直接获取样本的范围和观测时间，可能会得到更好的结果。

(3) 研究区域

金融学、心理学和社会学等学科都是在发达国家起源并得到快速发展，发达国家在彩票研究方面也有丰富的成果。因此中国学术界必须深入和充分学习国际相关领域的研究理论和方法，这是提升中国彩票业学术研究水平的基础。但同时，我们还要根据于中国本土具体现实和特色，进行适当调整，以避免水土不服。特别是中国已经是世界彩票业第二大国，并很可能在未来超过美国。因此，专注中国彩票业的研究尤其重要。

近年来，中国彩票业飞速发展，已有相关涉及台港澳地区彩票或博彩业的相关研究，但针对中国内地彩票业的研究则相对较少。Ding（2011）研究了中国"22 选 5"彩票，发现购彩者根据中国的数字文化和冷热号码的信息来选择他们的号码，但样本量仅限于短短几个月，因此无法在更长的时间内弄清楚哪些号码能够揭示谬误。同样，Ho 以及 Lee & Lin（2006）样本限于两年，并且没有考虑到吉祥号码和不祥号码在两种谬误中的作用。

（4）笔者此前研究

李刚（2007）设计了衡量购彩者有意择号程度的指标，基于这一方法，李刚（2009）、李刚（2010）、李珂（2016）和韩辰（2018）初步考察了中国、日本、加拿大和美国等几支三位数彩票有意择号的程度和表现形式。李刚（2007）的概念有所缺陷。例如，作者称为本书中的"有意择号"为"控制幻觉"，但控制幻觉的范围大于"有意择号"。例如，Guryan & Kearney（2008）发现，某个彩票投注店开出大奖后，未来一周该店的彩票销量会增加 37.7%。其背后原因在于，大奖开出后，这家幸运店会被宣传为一个"风水宝地"，吸取民众到此投彩票。这属于"控制幻觉"，但与"有意择号"无关。李刚等（2018）在如下方面进行了完善和扩展：①完善了衡量购彩者有意择号程度的指标；②增加了美国得克萨斯州三位数彩票的数据，彩票数量增加至七支；③设法搜集整理了这些彩票从发行之日至 2017 年底每期的情况，研究时段大幅延长；④纳入了数十个指标，更加综合地考察了有意择号各种表现形式及其作用。

2.3.4 小结

彩票购买者心理健康是责任彩票战略的核心内容，它保证了彩票发行的"过程公益"，彩票公益金切实用于公益事业保证了"结果公益"，两者共同构成了政府垄断发行彩票的合法性基石，并且"过程公益"比"结果公益"更为重要。

李刚等（2018）构建了中国体育彩票排列三的有意择号指数，并与其他玩法相同的境内外其他 6 支彩票进行比较，但这项研究仍存在三项不足：（1）研究对象仅限于三位数的数字型彩票，而这种彩票无论是在中国还是其他国家或地区，都不是销量主力彩种。（2）研究方法存在一些缺陷，本书 3.3.1 部分将指出，这些缺陷对中奖概率相对较高的三位数彩票而言，影响并不大，但其方法却不能应用于中奖概率相对很低并且销售规模更高的乐透型彩票。（3）研究发现，中国彩票购买者强烈地表现出了赌徒谬误这一非理性行为，但却将其完全归咎于人种特性，而忽略了彩票发行机构的主观能动性，因此提出的改善这一行为的建议，缺乏可操作性。

本书基于行为经济学视角，进一步完善了中国彩票购买者有意择号行为的指标体系，此方法可以普适地应用于各种玩法的彩票，结果也更加准确，进而提供了一套能够及时而准确地反映中国彩票购买者心理健康程度的"晴雨表"。我们还将描述各时期和各品种的中国彩票购买者的有意择号程度，找出其影响因素并与国外彩票相关情况对比。在此基础上，我们将为相关部门制定"问题彩民"相关政策提供突破口与着力点，为其实施"责任彩票"战略提供思路。

第 3 章 有意择号指数的构建思路

3.1 构建原则

3.1.1 准确性

要有效剔除随机因素的影响,以保证结果准确可靠,从而使构建出的有意择号指数能够更准确地衡量中国彩票各代表性品种购买者心理健康程度及其变化趋势。

3.1.2 普适性

所建立的指标体系,不仅对中国彩票,而且对其他国家或地区彩票购买者的心理健康程度,都可以统一口径评价。

3.1.3 实用性

充分尊重中国彩票业整体的相关利益主体的正常合理利益,并对"提升彩票购买者心理健康程度对这些主体的意义"加以量化,以增加政策建议的可接受性。

3.2 构建方法

3.2.1 实际中奖注数为零时的处理

(1) 构建基础

如果彩票购买者完全随机地选择号码,即随机择号,某只彩票第 t 期第 i 等奖的实际中奖注数 $WL_{t,i}^R$ (Real Winning Lots) 的期望值为理论中奖注数 $WL_{t,i}^R$

(Theoretical Winning Lots），其中理论中奖注数为当期销售注数 n_t 与该等奖中奖概率 $p_{t,i}$ 之积。

即数学上，$E(WL_{t,i}^R) = WL_{t,i}^T = n_t p_{t,i}$。

规定偏离比例（Bias Ratio，$BR_{t,i}$）为第 t 期第 i 等奖的实际中奖注数与理论中奖注数之比，原始偏离指数（Original Bias Index，$BI_{t,i}^O$）为偏离比例的对数值。

即数学上，$BR_{t,i} = \dfrac{WL_{t,i}^R}{WL_{t,i}^T} = \dfrac{WL_{t,i}^R}{n_t p_{t,i}}$，$BI_{t,i}^O = \ln(BR_{t,i}) = \ln(\dfrac{WL_{t,i}^R}{WL_{t,i}^T}) = \ln(\dfrac{WL_{t,i}^R}{n_t p_{t,i}})$。

显然，偏离比例的期望值为 1，原始偏离指数的期望值为 0。

即数学上，$E(BR_{t,i}) = E(\dfrac{WL_{t,i}^R}{WL_{t,i}^T}) = E((\dfrac{WL_{t,i}^R}{n_t p_{t,i}}) = 1$，$E(BI_{t,i}^O) = E(\ln(BR_{t,i})) = E(\ln(\dfrac{WL_{t,i}^R}{WL_{t,i}^T})) = E(\ln(\dfrac{WL_{t,i}^R}{n_t p_{t,i}})) = 0$。

（2）零值的影响

如果实际中奖注数为 0，$BI_{t,i}^O = \ln(\dfrac{0}{WL_{t,i}^T}) = \ln(0)$ 是没有意义的。李刚等（2018）研究的对象是三位数彩票，中奖概率相对较高，最低也为 1/1000，各支彩票并没有出现实际中奖注数为 0 的情况。

但对于中奖概率很低的乐透型彩票，实际中奖注数为 0 的情况出现次数较多。例如，中国体育彩票超级大乐透一等奖中奖概率为 1/21425712，从 2007 年 5 月 30 日至 2021 年 6 月 30 日共 2140 期，一等奖中奖注数为 0 共有 503 期，比例为 23.50%。若扩展至某些境外彩票，实际中奖注数为 0 的情况甚至是常态，例如，美国强力球一等奖概率经过数次变化，最高时也为 1/54979155，目前低至 1/292201338，1997 年 11 月 5 日至 2021 年 6 月 30 共有 2467 期，一等奖中奖注数为 0 共有 2208 期，比例为 89.50%。

显然，李刚等（2018）的方法不适用于乐透型彩票。

（3）零值的处理

如图 3-1 所示，我们采取如下方法来解决这一问题：第一，在购彩者随机择号的前提下，如果实际中奖注数小于理论中奖注数，找到与之密度概率相同且大于理论中奖注数的注数，本书称其为"调整中奖注数（Adjusted Winning Lots $WL_{t,i}^A$）"。数学上 $WL_{t,i}^A = 2n_t p_{t,i} - WL_{t,i}^R$。这样，若实际中奖注数为 0，$WL_{t,i}^A = 2n_t p_{t,i}$。规定调整偏离比例（the Adjusted Bias Ratio，$BR_{t,i}^A$）为理论中奖注数与调整中奖注数之比，调整偏离指数（the Adjusted Bias Index，$BI_{t,i}^A$）为调整偏离比的对数。第二，如果实际中奖注数大于或等于理论中奖注数，那么调整偏离比例或调整偏离指数与原始偏离比例或原始偏离指数相一致。

即数学上，

$$BI_{t,i}^{A} = \begin{cases} \ln\left(\dfrac{n_t p_{t,i}}{2n_t p_{t,i} - WL_{t,i}^{R}}\right) = -\ln\left(\dfrac{2n_t p_{t,i} - WL_{t,i}^{R}}{n_t p_{t,i}}\right) & \text{当 } WL_{t,i}^{R} < n_t p_{t,i} \\ \ln\left(\dfrac{WL_{t,i}^{R}}{n_t p_{t,i}}\right) & \text{当 } WL_{t,i}^{R} \geq n_t p_{t,i} \end{cases}$$

其反函数在数学上，

$$WL_{t,i}^{R} = \begin{cases} 2n_t p_{t,i} - n_t p_{t,i} e^{-BI_{t,i}^{A}} & \text{当 } BI_{t,i}^{A} < 0 \\ n_t p_{t,i} e^{BI_{t,i}^{A}} & \text{当 } BI_{t,i}^{A} \geq 0 \end{cases}$$

进一步，不管实际中奖注数为何值，调整程度指数（Adjusted Degree Index，$DI_{t,i}^{A}$）为调整偏离指数的绝对值，即 $DI_{t,i}^{A} = abs(BI_{t,i}^{A})$。

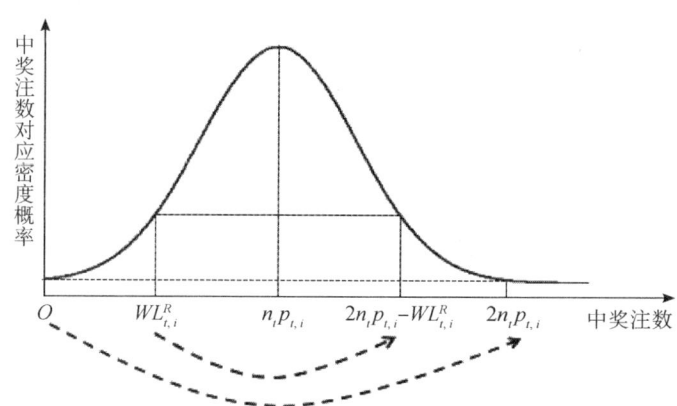

图 3-1 实际中奖注数小于理论中奖注数时的调整方法

如此，就彻底解决了实际中奖注数为 0 时的问题。

3.2.2 随机因素干扰的消除

(1) 随机因素的干扰

彩票中奖号码为一随机事件，就算人们完全随机选择号码，实际中奖注数 $WL_{t,i}^{A}$ 与理论中奖注数 $WL_{t,i}^{T}$ 也会有所偏离，这样就导致了调整程度指数的期望值 $E(DI_{t,i}^{A}) = E[abs(BI_{t,i}^{A})] > 0$，并且销售注数 n_t 越小，或者中奖概率 $p_{t,i}$ 越大，调整程度指数的期望值 $E(DI_{t,i}^{A})$ 越大。

即数学上，$\dfrac{\partial E(DI_{t,i}^{A})}{\partial n_t} < 0, \dfrac{\partial E(DI_{t,i}^{A})}{\partial p_{t,t}} > 0$

例如，销售注数 n_t 为 1 亿注且中奖概率 $p_{t,i}$ 为 2000 万分之一时，调整程度指数的期望值 $E(DI_{t,i}^{A}) = 0.0815$；销售注数 n_t 为 1 亿注且中奖概率 $p_{t,i}$ 为 2000 万分之一时,调整程度指数的期望值 $E(DI_{t,i}^A)=0.1515$;销售注数 n_t 为 2 亿注且中奖概率 $p_{t,i}$ 为 1000 万分之一时,调整程度指数的期望值 $E(DI_{t,i}^A)=0.0429$。

因此,简单根据调整程度指数的大小来评价彩票购买者有意择号,就会高估其程度,即将"随机择码"误判为"有意择号",这也是李刚等(2018)所未考虑到的问题。

(2) 随机干扰的量化

规定 $f(x)$ 为正态分布函数,即 $f(x)=\frac{1}{\sqrt{2\pi}\sigma}e^{-\frac{(x-\mu)}{\sigma}}$。如图 3-2 左侧小图所示,横坐标为当期实际中奖人数 $WL_{t,i}^R$,其与纵坐标构成的曲线是均值为 $n_t p_{t,i}$,方差为 $\sqrt{n_t p_{t,i}(1-p_{t,i})}$ 的正态分布曲线。如图 3-2 右侧小图所示,保持纵坐标不变,将横坐标转换成调整偏离指数 $BI_{t,i}^A$,由此形成的曲线在 $BI_{t,i}^A<0$ 时的积分(面积 S^-)的相反数,就是即使在彩票购买者随机选择号码的情况下,当期实际中奖人数 $WL_{t,i}^R$ 小于理论中奖人数 $n_t p_{t,i}$ 时的调整偏离指数的期望值;同样,由此形成的曲线在 $BI_{t,i}^A>0$ 时的积分(面积 S^+),就是即使在彩票购买者随机选择号码的情况下,当期实际中奖人数 $WL_{t,i}^R$ 大于理论中奖人数 $n_t p_{t,i}$ 时的调整偏离指数的期望值。

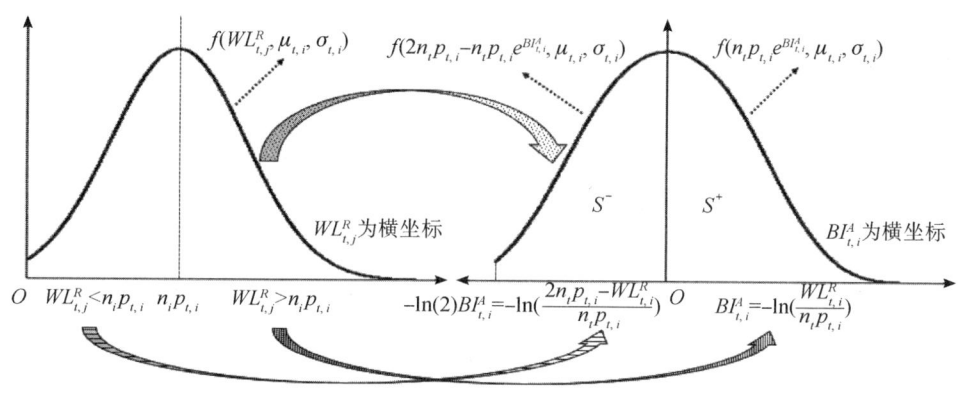

图 3-2 不同横坐轴的密度分布

规定 $S(n_t,p_{t,i})$ 为上述两种情况下的积分面积,那么,在数学上

$$S(n_t,p_{t,i})=\begin{cases}\int_{-\ln(2)}^{0}f(2n_t p_{t,i}-n_t p_{t,i}e^{-BI_{t,i}^A},n_t p_{t,i},\sqrt{n_t p_{t,i}(1-p_{t,i})})d(BI_{t,i}^A) & \text{当 } BI_{t,i}^A<0 \\ \int_{0}^{\infty}f(n_t p_{t,i}e^{BI_{t,i}^A},n_t p_{t,i},\sqrt{n_t p_{t,i}(1-p_{t,i})})d(BI_{t,i}^A) & \text{当 } BI_{t,i}^A\geq 0\end{cases}$$

即使彩票购买者随机选择号码,如图 3-3 所示,彩票销售注数越小,或者中

奖概率越大,无论是图 3-2 左侧的面积 S^- 还是右侧的面积 S^+ 都会变大,即调整偏离指数的期望值的绝对值变大,数学上 $\frac{\partial abs[E(BI_{t,i}^A)]}{\partial n_i}<0$, $\frac{\partial abs[E(BI_{t,i}^A)]}{\partial p_{t,i}}>0$,并且在实际中奖注数大于理论中奖注数的情况下,调整偏离指数的期望值要大于实际中奖注数小于理论中奖注数的情况下的对应指标,其原因在于,实际中奖注数不可能小于零,但却可以在理论上无穷大(见图 3-3)。

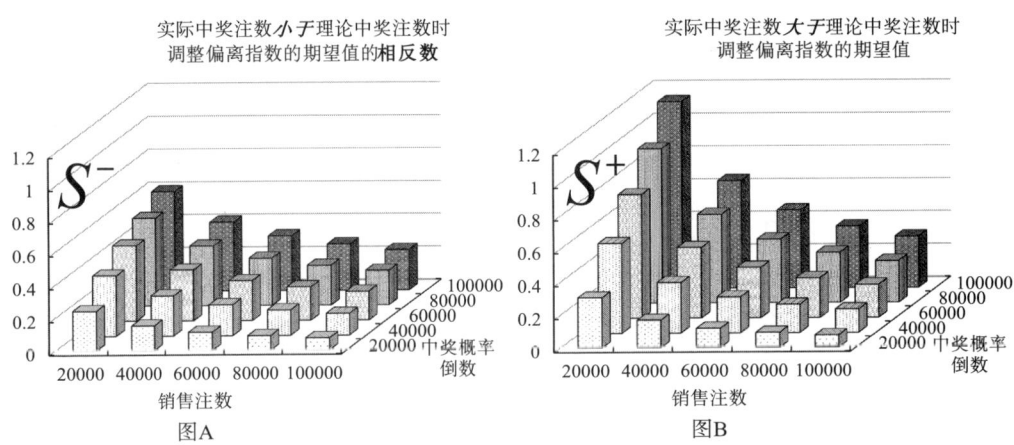

图 3-3　不同销售注数和中奖概率情况下调整偏离指数期望值的绝对值

(3) 干扰因素的剔除

本书采取如下方法剔除干扰因素:①如果调整偏离指数 $BI_{t,i}^A<0$ 亦即实际中奖注数 $WL_{t,i}^R$ 小于理论中奖注数 $n_t p_{t,i}$ 时,偏离指数(Bias Index,$BI_{t,i}$)为"调整偏离指数加上图 3-2 右侧小图的 S^-"同零之间的最小值;②如果实际中奖注数大于或等于理论中奖注数,偏离指数 $BI_{t,i}$ 为"调整偏离指数减去图 3-2 右侧小图的 S^+"同零之间的最大值。

即数学上 $BI_{t,i}=\begin{cases}\min[BI_{t,i}^A+S^-(n_t,p_{t,i}),0] & \text{当 } BI_{t,i}^A<0,\text{即 } WL_{t,i}^R<n_t p_i \\ \max[BI_{t,i}^A-S^+(n_t,p_{t,i}),0] & \text{当 } BI_{t,i}^A\geq 0,\text{即 } WL_{t,i}^R\geq n_t p_i\end{cases}$

不管实际中奖注数为何值,程度指数(Degree Index,$DI_{t,i}$)为偏离指数的绝对值,即 $DI_{t,i}=abs(BI_{t,i})$。

显然,在彩票购买者随机择号的情况下,程度指数均值 $E(DI_{t,i})=0$。如此,就彻底消除了随机因素干扰的问题。

3.2.3　各时频综合指标的构建

乐透型彩票有多个奖级,数字型彩票有多种玩法,而不同奖级或玩法的中奖概率差异巨大。以中国体育彩票超级大乐透为例，在 2007 年 5 月 30 日至 2014 年 4 月 20 日奖级有 8 个，2014 年 4 月 21 日至 2019 年 2 月 19 日有 6 个，2019 年 2 月 20 日至今有 9 个。截至 2021 年 6 月 30 日的规则，一等奖概率为 1/21425712，九等奖概率为 1/16.6442，是前者的 1287281 倍。为评价彩票购买者整体的有意择号情况，就要综合考察所有奖级或玩法的情况。

（1）单期综合指标

规定第 t 期的综合偏离比例（Composite Bias Ratio，$BR_{t,C}$）、综合偏离指数（Composite Bias Index，$BI_{t,C}$）和综合程度指数（Composite Degree Index，$DI_{t,C}$）分别为第 t 期各奖级（玩法）各对应指标的平均值，即数学上，$BR_{t,C} = \dfrac{\sum_i BR_{t,i}}{D_t}$，$BI_{t,C} = \dfrac{\sum_i BI_{t,i}}{D_t}$，$DI_{t,C} = \dfrac{\sum_i DI_{t,i}}{D_t}$，其中 D_t 为这支彩票在第 t 期时的奖级或玩法数量。

（2）月度综合指标

规定月度综合偏离比例（Monthly Composite Bias Ratio，$BR_{M,C}$）、月度综合偏离指数（Monthly Composite Bias Index，$BI_{M,C}$）和月度综合程度指数（Monthly Composite Degree Index，$DI_{M,C}$）分别为 M 月中的所有各期对应指标的平均值，即数学上，$BR_{M,C} = \dfrac{\sum_{t \in M} BR_{t,C}}{D_M}$，$BI_{M,C} = \dfrac{\sum_{t \in M} BI_{t,C}}{D_M}$，$DI_{M,C} = \dfrac{\sum_{t \in M} DI_{t,C}}{D_M}$。

其中 D_M 指在第 M 月投注期的数量。

（3）年度综合指标

规定年度综合偏离比例（Yearly Composite Bias Ratio，$BR_{Y,C}$）、年度综合偏离指数（Yearly Composite Bias Index，$BI_{Y,C}$）和年度综合程度指数（Yearly Composite Degree Index，$DI_{Y,C}$）分别为 Y 年中的所有各期对应指标的平均值，即数学上，$BR_{Y,C} = \dfrac{\sum_{t \in Y} BR_{t,C}}{D_Y}$，$BI_{Y,C} = \dfrac{\sum_{t \in Y} BI_{t,C}}{D_Y}$，$DI_{Y,C} = \dfrac{\sum_{t \in Y} DI_{t,C}}{D_Y}$。

其中 D_Y 指在 Y 年的投注期的数量。

3.3 稳健性检验

3.3.1 各指标构建方法对比

有数个用于衡量彩票购买者有意择号程度的备选方法，但通过比较，本书选择的方法最优。

（1）没有调整法

这一方法即为李刚等（2018）的方法，其缺陷已在前文3.2部分详细指出，这里只是说明，李刚等（2018）的方法与本书所采取的方法相比，在以中奖概率相对较高的数字型彩票为研究对象时，对于程度指数的确会有高估，但在定性和趋势两方面，两种方法的差别并不大。

如图3-4所示，在中奖概率为1/1000时，当投注数量为5000注时，左右面积都为0.0752，但随着投注数量的增加，两者都大幅下降，当投注数量为42850注时，两者都仅为0.01。如表4-39和表4-45所示，中外5支选三数字型彩票，单期投注额在四分之一分位数都超过了10万注，此时备选方法一只高估了0.0047。最终端情况，加拿大安大略省选三在2014年6月9日投注额最低，为8458注，此时高估0.0479。

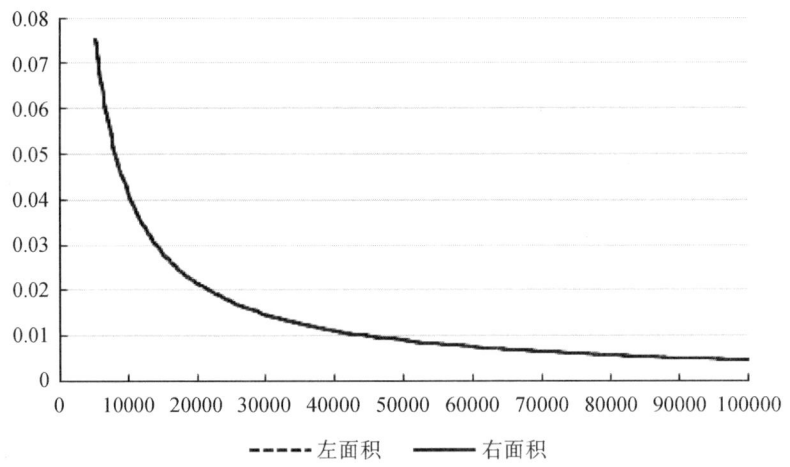

图3-4 中奖概率为千分之一时备选方法一的程度指数的理论高估值

当彩票购买者有意择号时，备选方法一会进一步高估，并且彩票购买者有意择号行为越强烈，高估程度越会加剧。如图3-5所示，在2005年对于中国体育彩票排列三和中国福利彩票3D的高估程度最为严重，特别是对于前者，高估了0.3071，此时也是这两支彩票购买者有意择号程度最强烈的年份。除去这一年份以外，这两支彩票以及所有年份的其他3支国外彩票，高估程度都非常稳定，这两支彩票和美国得克萨斯州选三高估0.1，日本数字三和加拿大安大略省选三只高估0.03以下。

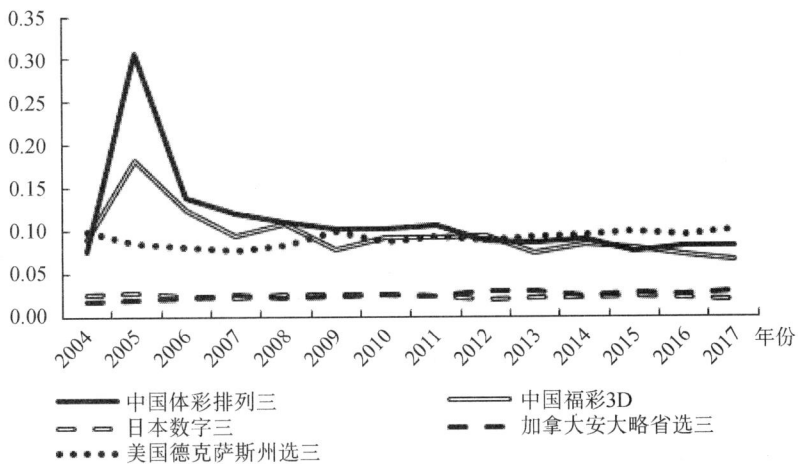

图 3-5　备选方法一与本书方法计算 5 支选三数字型彩票程度指数的实际差值

(2) 设置置信区间法

这一方法的步骤如下：

第一，当彩票购买者随机选择号码并且销售注数足够大时，当期实际中奖注数符合正态分布，并可以计算出实际中奖注数的积累密度值。这样根据正态分布积累函数计算出在置信区间 x 时第 t 期第 i 等奖的理论中奖注数的上限 $WL_{t,i}^U$ 与下限 $WL_{t,i}^D$。数学上，$WL_{t,i}^U = n_t p_{t,i} + z_x \sqrt{n_t p_{t,i}(1-p_{t,i})}$，$WL_{t,i}^D = n_t p_{t,i} - z_x \sqrt{n_t p_{t,i}(1-p_{t,i})}$，其中 z_x 为置信区间 x 对应的 Z 值。

第二，设置调整中奖注数 $WL_{t,i}^A$ 指标，当实际中奖注数大于理论中奖注数上限，其值为理论中奖注数加上"实际中奖注数与理论中奖注数上限之差"；实际中奖注数在理论注数的下限和上限之间，其值为理论中奖注数；实际中奖注数小于理论中奖注数下限，其值为理论中奖注数加上"实际中奖注数与理论中奖注数下限之差"。

即数学上，$WL_{t,i}^A = \begin{cases} WL_{t,i}^T + (WL_{T,I}^R - WL_{t,i}^U) & \text{当 } WL_{T,I}^R > WL_{t,i}^U \\ WL_{t,i}^T & \text{当 } WL_{t,i}^D \leq WL_{T,I}^R \leq WL_{t,i}^U \\ WL_{t,i}^T + (WL_{T,I}^R - WL_{t,i}^D) & \text{当 } WL_{T,I}^R < WL_{t,i}^D \end{cases}$

第三，规定偏离比例为调整中奖注数与理论中奖注数之比，偏离指数为偏离比例的自然对数，程度指数为偏离指数的绝对值，即数学上 $BR_{t,i} = \dfrac{WL_{t,i}^A}{WL_{t,i}^T}$，$BI_{t,i} = \ln(BR_{t,i})$，$DR_{t,i} = abs(BI_{t,i})$。

这一方法同样适用于实际中奖注数为 0 的情况，这也是我们写作本书最初所选择的方法。但随后我们发现，这一方法存在两个缺陷：第一，如果将置信区间设置较小,如90%,那会将随机择号错判为有意择号;如果将置信区间设置较大,如99%,又会将有意择号错判为随机择号。更严重的是,如图3-6所示,即使在彩票购买者随机择号的情况下,采用此方法计算出的程度指数与销售注数 n_t 和中奖概率 $p_{t,i}$ 相关,即 $\frac{\partial DI_{t,i}}{\partial n_t} < 0$,$\frac{\partial DI_{t,i}}{\partial p_{t,i}} > 0$。这样,随机干扰因素并未被消除。

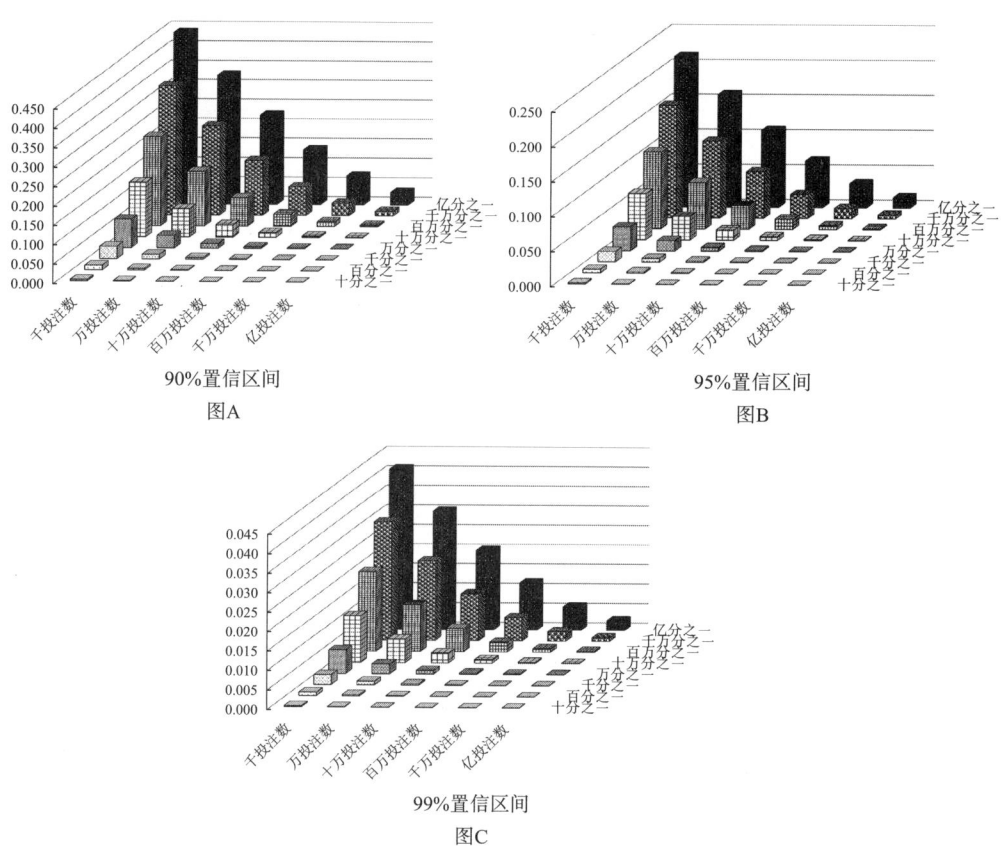

图3-6 不同置信区间下备选方法二的程度指数

如果按照类似3.2.2的方法再减去积分面积系数,虽然也可以解决上述问题,但这一方法又比本书最终采用的方法要繁琐得多。

(3) 偏离比例减1法

在撰写本书过程中,我们还考虑过另一种方法,其步骤如下:先规定调整原始偏离指数为偏离比例与1的差,即数学上 $BI_{t,i}^O = BR_{t,i} - 1 = \frac{WL_{t,i}^R}{WL_{t,i}^T} - 1 =$

$\dfrac{WL_{t,i}^{R} - n_t p_{t,i}}{n_t p_{t,i}}$，然后经过类似 3.2.2 的方法剔除随机因素的影响，从而得到偏离指数和程度指数。同时，这一方法也可以解决"实际中奖注数为 0"的问题，但如果在异常情况下，实际中奖注数远高于理论中奖注数时，偏离指数会变得非常大。

例如，日本乐透六在 2005 年 3 月 17 日的第 230 期，当期销量为 3806368600 日元，单注价格为 200 日元，即销售 19031843 注，一等奖概率为 6096454 分之一，即理论中奖注数为 3.1218 注。

但当期一等奖的实际中奖注数却高达 167 注，而上一期和后一期分别仅为 3 注和 4 注。由此导致的结果是，当期一等奖金 1814700 日元，仅为二等奖金 9405200 日元的 19.29%。然而，上一期一等奖金 103016200 日元，为二等奖金 16361200 日元的 6.30 倍，后一期一等奖金为 78093700 日元，为二等奖金 12223200 日元的 6.39 倍。

按照这一备选方法，一等奖偏离比例高达 53.4950，即原始偏离指数为 52.4950，而类似图 3-2 的积分面积 S^+ 为 0.1602，以此计算的一等奖偏离指数为 52.3348，而前一期和后一期的偏离指数都为 0。此种彩票每周销售一次，一年 52 次，这样，由于异常期的影响，当年一等奖偏离指数平均值就都要因此增加 1，远远偏离于 0。

而采用本书的方法，因实际中奖注数大于理论中奖注数，调整偏离指数等于原始偏离指数，即 $BI_{t,i}^{A} = BI_{t,i}^{O} = \ln(\dfrac{167}{3.1218}) = 3.9796$，图 3-2 的积分面积 S^+ 为 0.1159，偏离指数为 3.8637。这样，当年一等奖偏离指数只增加 0.0743。

3.3.2 部分数据的估算

（1）追加式乐透型彩票的中奖注数

中国体育彩票超级大乐透、美国强力球和超级百万 3 种彩票有"基本（Main）投注"和"追加（Appended）投注"两种投注方式。基本投注与追加投注的各奖级中奖概率完全相同，只是单注奖金及每注价格不同。

例如，中国体育彩票超级大乐透从 2019 年 2 月 20 日（第 19019 期）开始，基本投注每注 2 元，追加投注每注 1 元，只包括一等奖和二等奖追加，奖金为基本投注对应奖金的 80%。以这种彩票 2019 年 6 月 15 日（第 19065 期）为例，当期总销量 302523734 元，基本投注中奖注数一等奖 6 注，单注奖金 1 千万元，二等奖 71 注，单注奖金 570619 元；追加投注中奖注数一等奖 3 注，单注奖金 8 百万元，二等奖 25 注，单注奖金 456495 元。

相关彩票发行机构会公布历期各种投注方式的各种奖级中奖注数，但公布的销量是两种玩法销量的加总，而没有公布每个投注方式的各自销量，我们采用如下方法估算规定第 t 期第 i 等奖的实际中奖注数 $WL_{t,i}^R$：

规定当期每注基本投注的价格 MP_t，第 i 等奖实际中奖注数 $MWL_{t,i}^R$；追加投注的价格为 AP_t，第 i 等奖实际中奖注数 $AWL_{t,i}^R$，则 $WL_{t,i}^R = MWL_{t,i}^R + \dfrac{AP_t}{MP_t} AWL_{t,i}^R$。

同样以中国体育彩票超级大乐透 2019 年 6 月 15 日（第 19065 期）为例，当期第一等奖实际中奖注数 $WL_{19065,1}^R = MWL_{19065,1}^R + \dfrac{AP_{19065}}{MP_{19065}} AWL_{19065,1}^R = 6 + \dfrac{1}{2} \times 3 = 7.5$；二等奖实际中奖注数 $WL_{19065,2}^R = MWL_{19065,2}^R + \dfrac{AP_{19065}}{MP_{19065}} AWL_{19065,2}^R = 71 + \dfrac{1}{2} \times 25 = 83.5$。

如果购彩者在两种投注方式的有意择号行为是一致的，那么上述方法是相当准确的。

（2）数字型彩票各玩法的销售注数

同一只数字型彩票有多种玩法，如中国体育彩票排列三有直选和组选 2 种玩法，并且组选又可细分为组选 3 和组选 6 两个子玩法。日本彩票数字三（ナンバーズ3）有直选（ストレート），组选（ボックス），组合直选（セット－ストレート），组合组选（セット－ボックス）和迷你（ミニ）5 种玩法。

各个彩票销售机构只公布数字型彩票各种玩法的销售总注数，而未公布各玩法的销售注数。我们采用如下方法来估算第 t 期第 i 种玩法的销售注数 $n_{t,i}$：其分子为"这一玩法实际中奖注数与该玩法中奖概率之比"，分母为"所有玩法实际中奖注数与对应玩法中奖概率之比的加总"。

即数学上，$n_{t,i} = \dfrac{\dfrac{WL_{t,i}^R}{p_{t,i}}}{\sum\limits_{i} \dfrac{WL_{t,i}^R}{p_{t,i}}} \times n_t$

在所有各玩法中奖注数均为 0 时的极端情况下，则规定当期第 i 种玩法的销售注数 $n_{t,i}$，分子为"该玩法中奖概率倒数"，分母为"所有玩法中奖概率倒数的加总"。

即数学上，$n_{t,i} = \dfrac{\dfrac{1}{p_{t,i}}}{\sum\limits_{i} \dfrac{1}{p_{t,i}}} \times n_t$

第4章 中外各国样本彩票概况

4.1 数据来源

为进行跨彩种和跨地域比较,本书样本彩票除了4支中国体育彩票,3支中国福利彩票,还包括4支日本彩票,1支英国彩票,2支加拿大彩票,4支美国彩票,共计5个国家18支彩票。各支彩票截止日期均为2021年6月30日。

4.1.1 中国各支彩票数据来源

中国体育彩票各品种数据来自国家体育总局体育彩票管理中心网站"中国体育彩票网(www.lottery.gov.cn)"。

中国福利彩票各品种数据来自中国福利彩票发行管理中心指定的官方媒体信息发布平台"中彩网(www.zhcw.com)"。

4.1.2 外国各支彩票数据来源

日本各彩票品种数据基本来自其发行商日本瑞穗银行宝签(みずほ銀行宝くじ)网站"www.mizuhobank.co.jp/retail/takarakuji/index.html"。部分历史数据来自其他网站,"数字三"来自http://www.takarakujinet.co.jp/numbers3/;数字四来自http://www.takarakujinet.co.jp/numbers4/;乐透六来自http://sougaku.com/loto6/data/detail/index1.html;乐透七来自http://sougaku.com/loto7/data/detail/index1.html。

英国"大乐透"数据来自英国国家彩票(National Lottery)网站"www.national-lottery.co.uk"。

加拿大各彩票品种数据来自加拿大彩票(Lottery Canada)网站"www.lotterycanada.com"。

美国"强力球"和"超级百万"两支彩票品种数据来自美国超级百万网站"USAMega(www.usamega.com)"。得克萨斯"选三"和"选四"数据来自美国得克萨斯州彩票网站（www.txlottery.org）。

4.2 乐透型彩票概况

本书乐透型彩票共有 10 支，中国 4 支，外国 6 支，分别为中国体育彩票超级大乐透和七星彩，中国福利彩票双色球和七乐彩，日本宝签彩票乐透七和乐透六，英国国家彩票大乐透，加拿大国家彩票乐透 649，美国跨州彩票强力球和超级百万。

4.2.1 中国各支乐透型彩票概况

中国 4 支乐透型彩票分别是中国体育彩票的超级大乐透和七星彩，中国福利彩票的双色球和七星彩（见表 4-1）。

表 4-1 中国各支乐透型彩票简介

项目	发行机构	中国体育彩票		中国福利彩票	
	彩种名称	超级大乐透	七星彩	双色球	七乐彩
样本期间	首发日	2007年5月30日	2004年5月21日	2003年2月23日	2007年1月3日
	有效首日	2007年5月30日	2004年5月21日	2003年2月23日	2007年1月3日
	总期数	2140	2604	2716	2201
	有效期数	2140	2604	2716	2201
	覆盖率	100.00%	100.00%	100.00%	100.00%
单期注数（万）	平均值	7457.20	839.60	13107.14	464.80
	最小值	789.78	302.27	369.94	179.22
	1/4 位数	3483.68	736.25	7276.31	358.39
	中位数	7430.54	839.23	15600.29	457.32
	3/4 位数	10487.14	950.55	17703.49	537.93
	最大值	19687.35	1864.83	23822.51	1359.72
近年销量（亿美元）	2016 年	41.62	3.10	73.31	1.80
	2017 年	48.47	3.08	80.56	1.68
	2018 年	49.12	2.71	77.46	1.55
	2019 年	58.99	2.84	77.70	1.43
	2020 年	59.08	2.98	74.18	1.30
	2021 年上半年	35.32	2.22	42.38	0.62

注：（1）部分彩票品种的玩法、奖级设置以及各奖级中奖概率有调整，本表显示为 2019 年 6 月 30 日时的情况；（2）有效期为"中奖号码、各奖级中奖注数和当期销售注数等指标齐全"的各期；（3）覆盖率为有效期数与总期数之比；（4）销量数据汇率在 2021 年为 6 月 30 日各货币对美元汇率，其他年份为 12 月 31 日各货币对美元汇率；（5）以后各表亦然。

各支彩票游戏规则不时发生调整，我们将进一步依次列出各支彩票在各阶段的游戏规则。

（1）中国体育彩票超级大乐透

这支彩票于 2007 年 5 月 30 日上市，购彩者在前区号码 1—35 共 35 个数字中选择 5 个投注号码，在后区号码 1—12 共 12 个数字中选择 2 个投注号码，组成共用有 7 个号码的号码组，发行机构开出相同数量的前区号码和后区号码。

这支彩票的规则经历了 4 次比较大的调整。

起初，在 2007 年 5 月 30 日至 2009 年 10 月 16 日，这支彩票有 8 个奖级，13 个中奖条件，其中前 3 个奖级采取浮动赔率形式，后 5 个奖级采取固定形式（见表 4-2）。

表 4-2　中国体育彩票超级大乐透游戏规则（2007 年 5 月 30 日至 2009 年 10 月 16 日）

基本情况	起始日期	2007 年 5 月 30 日	终止日期	2009 年 10 月 16 日
	单注价格	2 元	总合组数	21425712
	前区号码集	35	后区号码集	12
	前区投注号码数	5	后区投注号码数	2
	前区开奖号码数	5	后区开奖号码数	2
奖级	条件	数量	概率	奖金
1	前 5 + 后 2	1	1/21425712	6379208*，30.38%，(70% 浮动奖金 + 上期奖池)/中奖注数
2	前 5 + 后 1	20	1/1071285.60	113914*，10.85%，25% 浮动奖金/中奖注数
3	前 5 + 后 0	45	1/476126.93	10126*，2.17%，5% 浮动奖金/中奖注数
4	前 4 + 后 2	150	1/142838.08	3000，2.14%
5	前 4 + 后 1	3000	1/7141.90	500，7.14%
6	前 4 + 后 0，前 3 + 后 2	6750 + 4350 = 11100	1/1930.24	200，10.57%
7	前 3 + 后 1，前 2 + 后 2	87000 + 40600 = 127600	1/167.91	10，6.08%
8	前 3 + 后 0，前 1 + 后 2，前 2 + 后 1，前 0 + 后 2	195750 + 137025 + 812000 + 142506 = 1287281	1/16.64	5，30.66%
备注	返奖率为 49%，单注奖金最高不超过 500 万元。			

注："奖金"列中，每个单元格第 1 项表示奖金数量，若后面有"*"号标志，为预期值（下同）；第 2 项为该奖级奖金占所有奖级总奖金比例的期望值；对于浮动赔率而言，第 3 项表示单注奖金的计算方式，以下各表亦然。

2009年10月17日起,中国体育彩票超级大乐透游戏规则第二次调整,与上一次相比,各奖级中奖条件没有变化,不过前两个浮动奖金的比例有所调整,一等奖总奖金占浮动奖金的比例从70%上升至75%,二等奖从25%下降至20%。另外,固定奖五等奖单注奖金从500元增至600元,但六等奖从200元降至100元。特别要强调的是,从这天开始,当奖池超过1亿元以后时,一等奖单注奖金最高可达到1000万元,也即变相突破了500万元的限制(见表4-3)。

表4-3 国体育彩票超级大乐透游戏规则(2009年10月17日至2014年5月6日)

基本情况	起始日期	2009年10月17日	终止日期	2014年5月6日
	单注价格	2元	总合组数	21425712
	前区号码集	35	后区号码集	12
	前区投注号码数	5	后区投注号码数	2
	前区开奖号码数	5	后区开奖号码数	2
奖级	条件	数量	概率	奖金
1	前5+后2	1	1/21425712	7442367*,35.44%,(75%浮动奖金+上期奖池)/中奖注数
2	前5+后1	20	1/1071285.60	99232*,9.45%,20%浮动奖金/中奖注数
3	前5+后0	45	1/476126.93	11026*,2.36%,5%浮动奖金/中奖注数
4	前4+后2	150	1/142838.08	3000,2.14%
5	前4+后1	3000	1/7141.90	600,8.57%
6	前4+后0、前3+后2	6750+4350=11100	1/1930.24	100,5.29%
7	前3+后1、前2+后2	87000+40600=127600	1/167.91	10,6.08%
8	前3+后0、前1+后2、前2+后1、前0+后2	195750+137025+812000+142506=1287281	1/16.64	5,30.66%
备注	当奖池资金低于1亿元时,奖金总额为当期奖金额减去固定奖总额后的75%与奖池中累积的奖金之和,单注奖金按注均分,单注最高限额封顶500万元。当奖池资金高于1亿元(含)时,奖金总额包括两部分,一部分为当期奖金额减去固定奖总额后的45%与奖池中累积的奖金之和,单注奖金按注均分,单注最高限额封顶500万元;另一部分为当期奖金额减去固定奖总额后的30%,单注奖金按注均分,单注最高限额封顶500万元。 增设"追加奖"的四等奖至七等奖,追加玩法的奖金为基本玩法对应奖金的50%。2013年5月13日起,取消附加玩法。			

2014年5月7日起,中国体育彩票超级大乐透游戏规则经历第三次调整,与上一次相比,中奖奖级从8个减至6个,并且各奖级的奖金都大幅减少(见表4-4)。

表4-4　中国体育彩票超级大乐透游戏规则(2014年5月7日至2019年2月19日)

基本情况	起始日期	2014年5月7日	终止日期	2019年2月19日
	单注价格	2元	总合组数	21425712
	前区号码集	35	后区号码集	12
	前区投注号码数	5	后区投注号码数	2
	前区开奖号码数	5	后区开奖号码数	2
奖级	条件	数量	概率	奖金
1	前5+后2	1	1/21425712	9994751*,47.60%,(75%浮动奖金+上期奖池)/中奖注数
2	前5+后1	20	1/1071285.60	119937*,11.42%,18%浮动奖金/中奖注数
3	前5+后0,前4+后2	45+150=195	1/109875.45	4784*,4.44%,7%浮动奖金/中奖注数
4	前4+后1,前3+后2	3000+4350=7350	1/4925.45	200,4.14%
5	前4+后0,前3+后1,前2+后2	6750+87000+40600=134350	1/159.48	10,6.40%
6	前1+后2,前2+后1,前0+后2	137025+812000+142506=1091531	1/19.63	5,25.99%
备注	当奖池资金低于1亿元时,奖金总额为当期奖金额减去固定奖总额后的75%与奖池中累积的奖金之和,单注奖金按注均分,单注最高限额封顶500万元。 当奖池资金高于1亿元(含)且低于3亿元时,奖金总额包括两部分:一部分为当期奖金额减去固定奖总额后的58%与奖池中累积的奖金之和,单注奖金按注均分,单注最高限额封顶500万元;另一部分为当期奖金额减去固定奖总额后的17%,单注奖金按注均分,单注最高限额封顶500万元。 当奖池资金高于3亿元(含)时,奖金总额包括两部分:第一部分为当期奖金额减去固定奖总额后的42%与奖池中累积的奖金之和,单注奖金按注均分,单注最高限额封顶500万元;第二部分为当期奖金额减去固定奖总额后的33%,单注奖金按注均分,单注最高限额封顶500万元。追加玩法的一等奖、二等奖、三等奖奖金为基本玩法对应奖金的1.6倍,四五等奖奖金为1.5倍。			

2019年2月20日起,中国体育彩票超级大乐透游戏规则经历第四次调整,与上一次相比,中奖奖级从6个增至9个,并且各奖级的奖金都大幅增加(见表4-5)。

表4-5 中国体育彩票超级大乐透游戏规则(2019年2月20日至2021年6月30日)

基本情况	起始日期	2019年2月20日	终止日期	2021年6月30日
	单注价格	2元	总合组数	21425712
	前区号码集	35	后区号码集	12
	前区投注号码数	5	后区投注号码数	2
	前区开奖号码数	5	后区开奖号码数	2
奖级	条件	数量	概率	奖金
1	前5+后2	1	1/21425712	7254115*,34.55%,(78%浮动奖金+上期奖池)/中奖注数
2	前5+后1	20	1/1071285.60	102302*,9.74%,22%浮动奖金/中奖注数
3	前5+后0	45	1/476126.93	10000,2.14%
4	前4+后2	150	1/142838.08	3000,2.14%
5	前4+后1	3000	1/7141.90	300,4.29%
6	前3+后2	4350	1/4925.45	200,4.14%
7	前4+后0	6750	1/3174.18	100,3.21%
8	前3+后1,前2+后2	87000+40600=127600	1/167.91	15,9.12%
9	前3+后0,前1+后2,前2+后1,前0+后2	195750+137025+812000+142506=1287281	1/16.64	5,30.66%
备注	追加仅限一等奖和二等奖,为基本投注的1.8倍。			

(2)中国体育彩票七星彩

这支彩票于2004年5月21日上市,购彩者从0000000—9999999的一千万组7位排列号码中选择一组确定排列的号码作为投注号码,发行机构同样开出一个7位排列号码作为中奖号码。

这支彩票的规则经历了3次比较大的调整。

起初,在2004年5月31日至2009年5月28日,这支彩票有6个奖级,其中前3个奖级采取浮动赔率形式,后3个奖级采取固定形式(见表4-6)。

表4-6 中国体育彩票七星彩游戏规则(2004年5月21日至2009年5月28日)

基本情况	起始日期	2004年5月21日	终止日期	2019年6月30日
	单注价格	2元	总合组数	10000000
	前区号码集	10	后区号码集	无
	前区投注号码数	7	后区投注号码数	无
	前区开奖号码数	7	后区开奖号码数	无
奖级	条件	数量	概率	奖金
1	投注号码与开奖号码全部相符且排列一致	1	1/10000000	4074887*,41.58%,(75%浮动奖金+上期奖池)/中奖注数
2	投注号码有连续6位号码与开奖号码相同位置的连续6位号码相同	18	1/555555.56	45277*,8.32%,15%浮动奖金/中奖注数
3	投注号码有连续5位号码与开奖号码相同位置的连续5位号码相同	261	1/38314.18	2082*,5.54%,10%浮动奖金/中奖注数
4	投注号码有连续4位号码与开奖号码相同位置的连续4位号码相同	3420	1/2923.98	300,10.47%
5	投注号码有连续3位号码与开奖号码相同位置的连续3位号码相同	42291	1/236.46	20,8.63%
6	投注号码有连续2位号码与开奖号码相同位置的连续2位号码相同	498879	1/20.04	5,25.46%
备注	返奖率为49%,单注奖金最高不超过500万元。			

2009年5月29日起,这支彩票游戏规则调整,从前三奖级为浮动赔率形式改为前二奖级为浮动赔率形式,一等奖总奖金占浮动奖金的比例从此前的75%上升至90%,二等奖从15%降至10%(见表4-7)。

表 4-7　　中国体育彩票七星彩游戏规则（2009 年 5 月 29 日至 2020 年 10 月 12 日）

基本情况	起始日期	2009 年 5 月 29 日	终止日期	2020 年 10 月 12 日
	单注价格	2 元	总合组数	10000000
	前区号码集	10	后区号码集	无
	前区投注号码数	7	后区投注号码数	无
	前区开奖号码数	7	后区开奖号码数	无

奖级	条件	数量	概率	奖金
1	投注号码与开奖号码全部相符且排列一致	1	1/10000000	4467044*，45.58%，(90%浮动奖金 + 上期奖池)/中奖注数
2	投注号码有连续 6 位号码与开奖号码相同位置的连续 6 位号码相同	18	1/555555.56	27574*，5.06%，10%浮动奖金/中奖注数
3	投注号码有连续 5 位号码与开奖号码相同位置的连续 5 位号码相同	261	1/38314.18	1800，4.79%
4	投注号码有连续 4 位号码与开奖号码相同位置的连续 4 位号码相同	3420	1/2923.98	300，10.47%
5	投注号码有连续 3 位号码与开奖号码相同位置的连续 3 位号码相同	42291	1/236.46	20，8.63%
6	投注号码有连续 2 位号码与开奖号码相同位置的连续 2 位号码相同	498879	1/20.04	5，25.46%
备注	返奖率为 49%，单注奖金最高不超过 500 万元。			

2020 年 10 月 13 日起，这支彩票游戏规则再次调整，末位号码改为从 0—14 中选取 1 个数字，也即总组合数从此前的 1000 万增加至 1500 万。相应地，各奖级的中奖概率和奖金也有所变化（见表 4-8）。

表 4－8　　中国体育彩票七星彩游戏规则（2020 年 10 月 13 日至 2021 年 6 月 30 日）

基本情况	起始日期	2020 年 10 月 13 日	终止日期	2021 年 6 月 30 日
	单注价格	2 元	总合组数	15000000
	前区前 6 位号码集	10	前区末位号码集	15
	前区前 6 位投注号码数	6	前区末位投注号码数	1
	前区前 6 位开奖号码数	6	前区末位开奖号码数	1
奖级	条件	数量	概率	奖金
1	投注号码的全部数字与开奖号码对应位置数字均相同	1	1/15000000	5995925*，40.79%，(90% 浮动奖金＋上期奖池)/中奖注数
2	投注号码的前 6 位数字与开奖号码对应位置数字相同	14	1/1071429	47587*，4.53%，10% 浮动奖金/中奖注数
3	投注号码前 6 位中的任意 5 个数字与开奖号码对应位置数字相同且最后一个数字与开奖号码对应位置数字相同	54	1/277778	3000，1.10%
4	投注号码中任意 5 个数字与开奖号码对应位置数字相同	1971	1/7610	500，6.70%
5	投注号码中任意 4 个数字与开奖号码对应位置数字相同	31590	1/475	30，6.44%
6	投注号码中任意 3 个数字与开奖号码对应位置数字相同，或者投注号码前 6 位中的任意 1 个数字与开奖号码对应位置数字相同且最后一个数字与开奖号码对应位置数字相同，或者仅最后一个数字与开奖号码对应位置数字相同，即中奖	1188270	1/12.62	5，40.43%
备注	返奖率为 49%，单注奖金最高不超过 500 万元。			

（3）中国福利彩票双色球

这支彩票于 2003 年 2 月 23 日上市，购彩者在红球（前区号码）1—33 共 33 个数字中选择 6 个投注号码，在篮球（后区号码）1—16 共 16 个数字中选择 1 个投注号码，组成共用有 7 个号码的号码组。发行机构开出相同数量的前区号码和后区号码。

这支彩票的游戏规则经历了2次比较大的调整。

起初,在2003年2月23日至2014年5月15日,这支彩票有6个奖级,其中前2个奖级采取浮动赔率形式,后4个奖级采取固定形式(见表4-9)。

表4-9 中国福利彩票双色球游戏规则(2003年2月23日至2014年5月15日)

基本情况	起始日期	2003年2月23日	终止日期	2014年5月15日
	单注价格	2元	总合组数	17721088
	前区号码集	33	后区号码集	16
	前区投注号码数	6	后区投注号码数	1
	前区开奖号码数	6	后区开奖号码数	1
奖级	条件	数量	概率	奖金
1	前6+后1	1	1/17721088	6124056*,35.26%,(70%浮动奖金+上期奖池)/中奖注数
2	前6+后0	15	1/1181405.87	174973*,15.11%,30%浮动奖金/中奖注数
3	前5+后1	162	1/109389.43	3000,2.80%
4	前5+后0,前4+后1	7695	1/2302.94	200,8.86%
5	前4+后0,前3+后1	137475	1/128.90	10,7.92%
6	前0+后1	1043640	1/16.98	5,30.05%
备注	2003年10月23日起,实行"倒三七"派奖政策。当双色球奖池超过1亿元时,一等奖、二等奖占高等奖奖金的比例由原来的"7:3"调整为"3:7"。2004年8月12日起,从原来一周开奖二次增加为三次。2004年11月11日起,推出"全派彩"政策,当奖池资金高于2亿元时,当期高等奖奖金不再向一等奖派发,一等奖奖金总额为奖池金额,二等奖奖金总额为当期高等奖奖金的100%。2009年1月1日起,实行"5:2:3"派奖政策,使一等奖单注奖金封顶限额提高到1000万元。			

2014年5月16日起,这支彩票游戏规则经历第二次调整,与上一次相比,各奖级中奖条件没有变化,不过前两个浮动奖金的比例有所调整,一等奖总奖金占浮动奖金的比例从70%上升至75%,二等奖从30%下降至25%(见表4-10)。

表4–10　　中国福利彩票双色球游戏规则（2014年5月16日至2021年6月30日）

基本情况	起始日期	2014年5月16日	终止日期	2021年6月30日
	单注价格	2元	总合组数	17721088
	前区号码集	33	后区号码集	16
	前区投注号码数	6	后区投注号码数	1
	前区开奖号码数	6	后区开奖号码数	1
奖级	条件	数量	概率	奖金
1	前6+后1	1	1/17721088	6561489*，37.78%，(75%浮动奖金+上期奖池)/中奖注数
2	前6+后0	15	1/1181405.87	145811*，12.59%，25%浮动奖金/中奖注数
3	前5+后1	162	1/109389.43	3000，2.80%
4	前5+后0，前4+后1	7695	1/2302.94	200，8.86%
5	前4+后0，前3+后1	137475	1/128.90	10，7.92%
6	前0+后1	1043640	1/16.98	5，30.05%
备注	当奖池资金低于1亿元时，一等奖奖金总额为当期高奖级奖金的75%与奖池中累积的资金之和，单注奖金按注均分，单注最高限额封顶500万元。当奖池资金高于1亿元（含）时一等奖奖金总额包括两部分：一部分为当期高奖级奖金的55%与奖池中累积的资金之和，单注奖金按注均分，单注最高限额封顶500万元；另一部分为当期高奖级奖金的20%，单注奖金按注均分，单注最高限额封顶500万元。二等奖奖金总额为当期高奖级奖金的25%，单注奖金按注均分，单注最高限额封顶500万元。2018年9月5日，增加"胆拖投注方式"。			

（4）中国福利彩票七乐彩

这支彩票于2007年1月1日上市，购彩者在1—30共35个数字中选择7个投注号码组成号码组。发行机构开出7个基本中奖号码和1个特殊号码。这支彩票共有7个奖级，其中前两个奖级采取浮动赔率形式。截至2021年6月30日，这支彩票游戏规则没有较大的变化（见表4–11）。

表 4-11　　中国福利彩票七乐彩游戏规则（2007年1月1日至2019年6月30日）

基本情况	起始日期	2007年1月1日	终止日期	2021年6月30日
	单注价格	2元	总合组数	2035800
	前区号码集	30	后区号码集	无
	前区投注号码数	7	后区投注号码数	无
	前区开奖号码数	基7+特1	后区开奖号码数	无
奖级	条件	数量	概率	奖金
1	基7	1	1/2035800	916851*，45.96%，(70%浮动奖金+上期奖池)/中奖注数
2	基6+特1	7	1/290828.57	18711*，6.57%，10%浮动奖金/中奖注数
3	基6	154	1/13219.48	1701*，13.13%，20%浮动奖金/中奖注数
4	基5+特1	462	1/4406.49	200，4.63%
5	基5	4851	1/419.67	50，12.16%
6	基4+特1	8085	1/251.80	10，4.05%
7	基4	53900	1/37.77	5，13.51%
备注	返奖率为49%，单注奖金最高不超过500万元。			

4.2.2　外国各支乐透型彩票概况

外国6支乐透型彩票分别是日本宝签（宝くじ）的乐透七（ロト7）和乐透六（ロト6）、英国国家彩票（National Lottery）的大乐透（Lotto）、加拿大国家彩票（National Lottery）的乐透649（Lotto 649）、美国跨州彩票（Multi-state Lottery）的强力球（Power Ball）和超级百万（Mega Millions）（见表4-12）。

表 4-12　　　　　　　外国各支乐透型彩票简介

项目		发行地区	日本		英国	加拿大	美国	
		彩种名称	乐透七	乐透六	大乐透	乐透649	强力球	超级百万
样本期间	首发日		2013年4月5日	2000年10月5日	1994年11月19日	1982年6月12日	1992年4月22日	1996年9月6日
	有效首日		2013年4月5日	2000年10月5日	1994年11月19日	2000年1月1日	1997年11月5日	2000年6月20日
	总期数		425	1598	2663	3902	3045	2517
	有效期数		425	1598	2663	2142	2467	2196
	覆盖率		100.00%	100.00%	100.00%	54.89%	81.02%	87.25%

续表

项目	发行地区	日本		英国	加拿大	美国	
	彩种名称	乐透七	乐透六	大乐透	乐透649	强力球	超级百万
单期注数（万）	平均值	754.66	1285.15	2668.65	878.59	1950.10	1994.97
	最小值	457.43	448.60	582.31	80.40	582.97	280.07
	1/4 位数	613.83	755.93	1407.70	544.22	1158.22	1051.84
	中位数	731.48	980.66	2230.31	695.84	1498.42	1617.50
	3/4 位数	870.32	1823.13	3493.44	1135.99	2025.04	2112.87
	最大值	1235.11	5235.40	12782.48	13880.88	63510.31	65191.59
近年销量（亿美元）	2016 年	9.75	13.04	32.43	12.37	66.28	23.51
	2017 年	8.93	14.29	27.77	12.93	47.45	22.02
	2018 年	9.59	15.09	23.75	12.14	43.53	50.85
	2019 年	11.29	14.19	25.28	8.89	37.15	29.79
	2020 年	11.28	14.40	25.80	10.17	27.97	24.66
	2021 年上半年	6.43	7.76	14.05	5.97	22.38	26.20

（1）日本宝签彩票乐透七

这支彩票于 2013 年 4 月 5 日上市，购彩者在 1—37 共 37 个数字中选择 7 个投注号码组成号码组。发行机构开出 7 个基本中奖号码和 2 个特殊号码。这支彩票共有 6 个奖级，全部采取浮动赔率形式。

这支彩票的游戏规则经历了两次比较大的调整（见表 4-13）。

表 4-13 　　日本宝签彩票乐透七游戏规则（2013 年 4 月 5 日至 2018 年 2 月 8 日）

基本情况	起始日期	2013 年 4 月 5 日	终止日期	2018 年 2 月 8 日
	单注价格	300 日元	总合组数	10295472
	前区号码集	37	后区号码集	无
	前区投注号码数	7	后区投注号码数	无
	前区开奖号码数	基7 + 特2	后区开奖号码数	无
奖级	条件	数量	概率	奖金
1	基7	1	1/10295472	416966616*，23.08%，（30%奖金 + 上期奖池）/中奖注数
2	基6 + 特1	14	1/735390.85	9927776*，7.69%，10% 奖金/中奖注数

续表

奖级	条件	数量	概率	奖金
3	基6	196	1/52527.92	992778*，10.77%，14% 奖金/中奖注数
4	基5	9135	1/1127.04	12172*，6.15%，8% 奖金/中奖注数
5	基4	142100	1/72.45	4890*，38.46%，50% 奖金/中奖注数
6	基3+特1	242550	1/42.45	1032*，13.85%，18% 奖金/中奖注数
备注	返奖率45%，单注奖金6亿日元封顶。			

2018年2月9日起，这支彩票游戏规则经历第二次调整，与上一次相比，各奖级中奖条件没有变化，各奖级的总奖金比例有所调整，一等奖总奖金占总奖金的比例从30%上升至45%，其他各奖级则下降，例如二等奖从7.69%下降至7.5%（见表4-14）。

表4-14　日本宝签彩票乐透七游戏规则（2018年2月9日至 2021年6月30日）

基本情况	起始日期	2018年2月9日	终止日期	2021年6月30日
	单注价格	300日元	总合组数	10295472
	前区号码集	37	后区号码集	无
	前区投注号码数	7	后区投注号码数	无
	前区开奖号码数	基7+特2	后区开奖号码数	无
奖级	条件	数量	概率	奖金
1	基7	1	1/10295472	625449924*，45.00%，（45% 奖金+上期奖池）/中奖注数
2	基6+特1	14	1/735390.85	7445832*，7.50%，7.5% 奖金/中奖注数
3	基6	196	1/52527.92	709127*，10.00%，10% 奖金/中奖注数
4	基5	9135	1/1127.04	9129*，6.00%，6% 奖金/中奖注数

续表

奖级	条件	数量	概率	奖金
5	基4	142100	1/72.45	1418*，14.50%，14.5%奖金/中奖注数
6	基3+特1	242550	1/42.45	974*，17.00%，17%奖金/中奖注数
备注	返奖率45%，单注奖金6亿日元封顶。			

（2）日本宝签彩票乐透六

这支彩票于2000年10月5日上市，购彩者在1—43共43个数字中选择6个投注号码组成号码组。发行机构开出6个基本中奖号码和1个特殊号码。这支彩票共有5个奖级，全部采取浮动赔率形式。

这支彩票的游戏规则经历了两次比较大的调整（见表4-15）。

表4-15　　日本宝签彩票乐透六游戏规则（2000年10月5日至2017年2月8日）

基本情况	起始日期	2000年10月5日	终止日期	2017年2月8日
	单注价格	200日元	总合组数	6096454
	前区号码集	43	后区号码集	无
	前区投注号码数	6	后区投注号码数	无
	前区开奖号码数	基6+特1	后区开奖号码数	无

奖级	条件	数量	概率	奖金
1	基6	1	1/6096454	98762555*，18.00%，（18%奖金+上期奖池）/中奖注数
2	基5+特1	6	1/1016075.67	14631490*，16.00%，16%奖金/中奖注数
3	基5	216	1/28224.32	508038*，20.00%，20%奖金/中奖注数
4	基4	9990	1/610.26	9337*，17.00%，17%奖金/中奖注数
5	基3	155400	1/39.23	1024*，29.00%，29%奖金/中奖注数
备注	返奖率45%，单注奖金2亿日元封顶。			

2017年2月9日起，这支彩票游戏规则经历第二次调整，与上一次相比，各奖级中奖条件没有变化，各奖级的总奖金比例有所调整，一等奖总奖金占总奖金的比例从18%上升至36%，其他各奖级则下降，例如二等奖从16%下降至10.5%（见表4–16）。

表4–16　　日本宝签彩票乐透六游戏规则（2017年2月9日至2021年6月30日）

基本情况	起始日期	2017年2月9日	终止日期	2021年6月30日
	单注价格	200日元	总合组数	6096454
	前区号码集	43	后区号码集	无
	前区投注号码数	6	后区投注号码数	无
	前区开奖号码数	基6+特1	后区开奖号码数	无
奖级	条件	数量	概率	奖金
1	基6	1	1/6096454	197525110*，36.00%，（36%奖金+上期奖池）/中奖注数
2	基5+特1	6	1/1016075.67	9601915*，10.50%，10.5%奖金/中奖注数
3	基5	216	1/28224.32	292122*，11.50%，11.5%奖金/中奖注数
4	基4	9990	1/610.26	6591*，12.00%，12%奖金/中奖注数
5	基3	155400	1/39.23	1059*，30.00%，30%奖金/中奖注数
备注	返奖率45%，单注奖金2亿日元封顶。			

（3）英国国家彩票大乐透

这支彩票于1994年11月19日上市，截至2021年6月30日，游戏规则经历了4次比较大的调整。

起初，购彩者在1—49共49个数字中选择6个投注号码组成号码组。发行机构开出6个基本中奖号码和1个特殊号码。1994年11月19日至2013年10月4日，这支彩票共有5个奖级，前4个奖级采取浮动赔率形式（见表4–17）。

表 4-17　英国国家彩票大乐透游戏规则（1994 年 11 月 19 日至 2013 年 10 月 4 日）

基本情况	起始日期	1994 年 11 月 19 日	终止日期	2013 年 10 月 4 日
	单注价格	1 英镑	总合组数	13983816
	前区号码集	49	后区号码集	无
	前区投注号码数	6	后区投注号码数	无
	前区开奖号码数	基 6 + 特 1	后区开奖号码数	无
奖级	条件	数量	概率	奖金
1	基 6	1	1/13983816	1988841*，31.61%，（52% 浮动奖金 + 上期奖池）/中奖注数
2	基 5 + 特 1	6	1/2330636	101992*，9.73%，16% 浮动奖金/中奖注数
3	基 5	252	1/55491.33	1518*，6.08%，10% 浮动奖金/中奖注数
4	基 4	13545	1/1032.40	62*，13.35%，22% 浮动奖金/中奖注数
5	基 3	246820	1/56.66	10，39.23%
备注	返奖率为 45%。2011 年 2 月 10 日前，如果连续三次一等奖无人中得，奖池奖金在二等奖得主间均分。2011 年 2 月 10 日起，改为连续四次。			

2013 年 10 月 5 日，这支彩票游戏规则经历第 2 次调整，与上次相比，单注价格从 1 英镑提升至 2 英镑，前五个奖级的中奖规则与此前相同，但各奖级总奖金的比例有较大变化，一等奖比例上升，其他奖级比例下降。此外，这支彩票还增加了第六奖级，但并不是给中奖者现金，而是免费购买一注彩票（见表 4-18）。

表 4-18　英国国家彩票大乐透游戏规则（2013 年 10 月 5 日至 2015 年 10 月 9 日）

基本情况	起始日期	2013 年 10 月 5 日	终止日期	2015 年 10 月 9 日
	单注价格	2 英镑	总合组数	13983816
	前区号码集	49	后区号码集	无
	前区投注号码数	6	后区投注号码数	无
	前区开奖号码数	基 6 + 特 1	后区开奖号码数	无

续表

奖级	条件	数量	概率	奖金
1	基6	1	1/13983816	4298303*，34.15%，（67%浮动奖金+上期奖池）/中奖注数
2	基5+特1	6	1/2330636	58808*，2.80%，5.5%浮动奖金/中奖注数
3	基5	252	1/55491.33	1146*，2.29%，4.5%浮动奖金/中奖注数
4	基4	13545	1/1032.40	109*，11.73%，23%浮动奖金/中奖注数
5	基3	246820	1/56.66	25，49.02%
6	基2	4392375	1/10.26	0，0.00%
备注	返奖率为45%，六等奖为免费购买一注彩票。引入"Lotto Raffle"玩法，每期至少50个中奖者，奖金每注2万英镑。			

2015年10月10日，这支彩票游戏规则第3次调整，与上次相比，单注价格还是2英镑，但其他玩法变化较大。号码集从49增加到59，相应地一等奖中奖概率也从1/13983816减少至1/45057454。与此同时，各奖级总奖金的比例也有较大变化，一等奖比例进一步上升，其他奖级比例下降（见表4–19）。

表4–19　英国国家彩票大乐透游戏规则（2015年10月10日至2018年11月20日）

基本情况	起始日期	2015年10月10日	终止日期	2018年11月20日
	单注价格	2英镑	总合组数	45057474
	前区号码集	59	后区号码集	无
	前区投注号码数	6	后区投注号码数	无
	前区开奖号码数	基6+特1	后区开奖号码数	无
奖级	条件	数量	概率	奖金
1	基6	1	1/45057454	19925725*，48.06%，（67%浮动奖金+上期奖池）/中奖注数
2	基5+特1	6	1/7509579	793064*，11.48%，16%浮动奖金/中奖注数

续表

奖级	条件	数量	概率	奖金
3	基5	312	1/144414.98	1906*，1.43%，2%浮动奖金/中奖注数
4	基4	20670	1/2179.85	216*，10.77%，15%浮动奖金/中奖注数
5	基3	468520	1/96.17	25，28.25%
6	基2	4392375	1/10.26	0，0.00%
备注	总返奖率为47.5%。销量的17.82%进入浮动奖金，六等奖为免费购买一注彩票。引入"Millionaire Lotto Raffle"玩法，每期20个每注2英镑中奖者，1个百万英镑中奖者。2015年10月10日起，奖池达到5000万英镑时，选出2位得主均分，2016年1月起，奖池规模改为6600万英镑。2016年8月起，奖池达到2200万英镑时，在二等奖得主间均分。				

2018年11月21日，这支彩票游戏规则经历第4次调整，与上次相比，单注价格和号码集与各奖级中奖条件都不变，但各奖级奖金结构变化较大。其中从第2奖级到最后奖级都统一为固定奖金，事实这上导致了一等奖总奖金的比例下降（见表4–20）。

表4–20　英国国家彩票大乐透游戏规则（2018年11月21日至2021年6月30日）

基本情况	起始日期	2018年11月21日	终止日期	2021年6月30日
	单注价格	2英镑	总合组数	45057474
	前区号码集	59	后区号码集	无
	前区投注号码数	6	后区投注号码数	无
	前区开奖号码数	基6+特1	后区开奖号码数	无

奖级	条件	数量	概率	奖金
1	基6	1	1/45057454	9174370*，22.13%，(100%浮动奖金+上期奖池)/中奖注数
2	基5+特1	6	1/7509579	1000000，14.47%
3	基5	312	1/144414.98	1750，1.32%
4	基4	20670	1/2179.85	140，6.98%
5	基3	468520	1/96.17	30，33.91%
6	基2	4392375	1/10.26	2，21.19%
备注	总返奖率为47.5%。六等奖为免费购买一注彩票。如果连续5次头等奖未中，每个奖级奖金都增加，二等奖增至120万英镑，三等奖增至10500英镑，四等奖增至500英镑，五等奖增至30—100英镑。				

(4) 加拿大国家彩票乐透 649

这支彩票于 1982 年 6 月 12 日上市,购彩者在 1—49 共 49 个数字中选择 6 个投注号码组成号码组。发行机构开出 6 个基本中奖号码和 1 个特殊号码。

这支彩票的游戏规则经历了 3 次比较大的调整。

起初,从 1982 年 6 月 12 日至 2004 年 6 月 1 日长达 22 年的时间里,这支彩票单注价格为 1 加元,设有 5 个奖级,其中前 4 个奖级为浮动奖,第 5 奖级为固定奖(见表 4 – 21)。

表 4 – 21　　加拿大国家彩票乐透 649 游戏规则(1982 年 6 月 12 日至 2004 年 6 月 1 日)

基本情况	起始日期	1982 年 6 月 12 日	终止日期	2004 年 6 月 1 日
	单注价格	1 加元	总合组数	13983816
	前区号码集	49	后区号码集	无
	前区投注号码数	6	后区投注号码数	无
	前区开奖号码数	基6+特1	后区开奖号码数	无
奖级	条件	数量	概率	奖金
1	基6	1	1/13983816	2261943*,32.34%,(50% 浮动奖金 + 上期奖池)/中奖注数
2	基5+特1	6	1/2330636	113097*,9.70%,15% 浮动奖金/中奖注数
3	基5	252	1/55491.33	2154*,7.76%,12% 浮动奖金/中奖注数
4	基4	13545	1/1032.40	77*,14.91%,23% 浮动奖金/中奖注数
5	基3	246820	1/56.66	10,35.29%
备注				

2004 年 6 月 2 日起,这支彩票游戏规则经历第 2 次调整,单注价格从此前的 1 加元增至 2 加元,原 5 个奖级的中奖条件不变,不过浮动奖金比例调整,其中一等奖比例从 32.34% 增加至 67.74%,增幅 1 倍以上,其他浮动奖比例下降。此外,这支彩票还增加了第 6 奖级(见表 4 – 22)。

表4-22　加拿大国家彩票乐透649游戏规则（2004年6月2日至2013年9月17日）

基本情况	起始日期	2004年6月2日	终止日期	2013年9月17日
	单注价格	2加元	总合组数	13983816
	前区号码集	49	后区号码集	无
	前区投注号码数	6	后区投注号码数	无
	前区开奖号码数	基6+特1	后区开奖号码数	无
奖级	条件	数量	概率	奖金
1	基6	1	1/13983816	14205622*，67.74%，(80.5%浮动奖金+上期奖池)/中奖注数
2	基5+特1	6	1/2330636	169115*，4.84%，5.75%浮动奖金/中奖注数
3	基5	252	1/55491.33	3326*，4.00%，4.75%浮动奖金/中奖注数
4	基4	13545	1/1032.40	117*，7.56%，9%浮动奖金/中奖注数
5	基3	246820	1/56.66	10，11.77%
6	基2+特1	172200	1/81.21	5，4.11%
备注	2011年7月以前，奖池金额若超过3000万加元时，一等奖至四等奖的比例分别为40%、16%、15%和29%。			

2013年9月18日起，这支彩票游戏规则经历第3次调整，单注价格从此前的2加元增至3加元，原六个奖级的中奖条件不变，不过浮动奖金比例调整，其中一等奖比例从67.74%降至49.44%，其他浮动奖比例亦有调整。此外，这支彩票还增加了第7奖级（见表4-23）。

表4-23　加拿大国家彩票乐透649游戏规则（2013年9月18日至2021年6月30日）

基本情况	起始日期	2013年9月18日	终止日期	2021年6月30日
	单注价格	3加元	总合组数	13983816
	前区号码集	49	后区号码集	无
	前区投注号码数	6	后区投注号码数	无
	前区开奖号码数	基6+特1	后区开奖号码数	无

续表

奖级	条件	数量	概率	奖金
1	基6	1	1/13983816	10025385*，49.44%，(79.5%浮动奖金+上期奖池)/中奖注数
2	基5+特1	6	1/2330636	126105*，3.73%，6%浮动奖金/中奖注数
3	基5	252	1/55491.33	2502*，3.11%，5%浮动奖金/中奖注数
4	基4	13545	1/1032.40	37*，2.47%，4%浮动奖金/中奖注数
5	基3	246820	1/56.66	10，12.17%
6	基2+特1	172200	1/81.21	5，4.25%
7	基2	1678950	1/8.33	3，24.83%
备注	一等奖保底奖金为100万加元。			

(5) 美国跨州彩票强力球

这支彩票前身是1988年2月13日由华盛顿特区、爱荷华州、堪萨斯州、密苏里州、俄勒冈州、罗得岛州和西弗吉尼亚州七个地区彩票机构所联合发起的跨州彩票"美国乐透（Lotto*America）"，随后在1989年至1991年又有8个州加入。1992年4月22日，这支彩票更名为强力球（Power Ball），此后又有多州陆续加入，截至2021年6月30日，有45个州以及华盛顿特区、波多黎各和维尔京群岛等共48个地区销售这支彩票。

2001年3月7日，这支彩票增加了附加玩法"Power Play"。购彩者再额外支付1美元，可以获得更高奖金，这一玩法一直保留至今。但加利福尼亚州一直没有引入这种玩法，并且在该州这支彩票的各奖级奖金都采取"浮动赔率"（见表4-24）。

这支彩票于1992年4月22日上市，购彩者在白球（前区号码）1—45共45个数字中选择5个投注号码，在红球（后区号码）1—45共45个数字中选择1个投注号码，组成共用有6个号码的号码组。发行机构开出相同数量的前区号码和后区号码。单注价格为1美元（见表4-25）。

表 4-24　美国跨州彩票强力球各地区首发时间

顺序	地区	首发日期	顺序	地区	首发日期
1	华盛顿特区	1988年2月13日	26	北达科他州	2004年3月25日
1	爱荷华州	1988年2月13日	27	田纳西州	2004年4月21日
1	堪萨斯州	1988年2月13日	28	缅因州	2004年7月30日
1	密苏里州	1988年2月13日	29	俄克拉荷马州	2006年1月12日
1	俄勒冈州	1988年2月13日	30	北卡罗来纳州	2006年5月30日
1	罗得岛州	1988年2月13日	31	佛罗里达州	2009年1月4日
1	西弗吉尼亚州	1988年2月13日	32	阿肯色州	2009年10月31日
8	威斯康星州	1989年8月10日	33	乔治亚州	2010年1月31日
9	蒙大拿州	1989年11月9日	33	伊利诺斯州	2010年1月31日
10	爱达荷州	1990年2月1日	33	马里兰州	2010年1月31日
11	明尼苏达州	1990年8月14日	33	马萨诸塞州	2010年1月31日
12	印第安纳州	1990年10月14日	33	密歇根州	2010年1月31日
13	南达科他州	1990年11月15日	33	新泽西州	2010年1月31日
14	肯塔基州	1991年1月10日	33	纽约州	2010年1月31日
15	特拉华州	1991年1月14日	33	得克萨斯州	2010年1月31日
16	亚利桑那州	1994年4月4日	33	弗吉尼亚州	2010年1月31日
17	内布拉斯加州	1994年7月21日	33	华盛顿州	2010年1月31日
18	路易斯安那州	1995年3月5日	43	俄亥俄州	2010年4月16日
19	新罕布什尔州	1995年11月5日	44	维尔京群岛	2010年11月14日
20	康涅狄格州	1995年11月28日	45	加利福尼亚州	2013年4月8日
21	新墨西哥州	1996年10月20日	46	怀俄明州	2014年8月24日
22	科罗拉多州	2001年8月2日	47	波多黎各	2014年9月28日
23	宾夕法尼亚州	2002年6月29日	48	密西西比州	2020年1月30日
25	佛蒙特州	2003年7月1日			

表 4-25　美国跨州彩票强力球游戏规则（1992年4月22日至1997年11月4日）

基本情况	起始日期	1992年4月22日	终止日期	1997年11月4日
	单注价格	1美元	总合组数	54979155
	前区号码集	45	后区号码集	45
	前区投注号码数	5	后区投注号码数	1
	前区开奖号码数	5	后区开奖号码数	1

续表

奖级	条件	数量	概率	奖金
1	前5+后1	1	1/54979155	（浮动奖金+上期奖池）/中奖注数
2	前5+后0	44	1/1249526.25	
3	前4+后1	200	1/274895.78	
4	前4+后0	8800	1/6247.63	
5	前3+后1	7800	1/7048.61	
6	前3+后0	343200	1/556.47	
7	前2+后1	98800	1/160.20	
8	前1+后1	456950	1/120.32	
9	前0+后1	658008	1/83.55	
备注	各奖级奖金情况不详。			

1997年11月5日起，这支彩票游戏规则经历第二次调整，与上一次相比，前区号码从45增至49，后区号码从44减至42，相应地，一等奖中奖概率从1/54979155降至1/80089128。

这支彩票只有一等奖采用浮动赔率形式，其他二等奖至九等奖都采用固定赔率形式（见表4-26）。

表4-26　美国跨州彩票强力球游戏规则（1997年11月5日至2002年10月8日）

基本情况	起始日期	1997年11月5日	终止日期	2002年10月8日
	单注价格	1美元	总合组数	80089128
	前区号码集	49	后区号码集	42
	前区投注号码数	5	后区投注号码数	1
	前区开奖号码数	5	后区开奖号码数	1
奖级	条件	数量	概率	奖金
1	前5+后1	1	1/80089128	23381488*，58.39%，（100%浮动奖金+上期奖池）/中奖注数
2	前5+后0	41	1/1953393.37	100000，10.24%
3	前4+后1	220	1/364041.49	5000，2.75%
4	前4+后0	9020	1/8879.06	100，2.25%
5	前3+后1	9460	1/8466.08	100，2.36%

续表

奖级	条件	数量	概率	奖金
6	前3+后0	132440	1/604.72	7,2.32%
7	前2+后1	387860	1/206.49	7,6.78%
8	前1+后1	678755	1/117.99	4,6.78%
9	前0+后1	1086008	1/73.75	3,8.14%
备注	2001年3月7日，引用附加玩法"Power Play"。购彩者再额外支付1美元，可以获得更高奖金。			

2002年10月9日起，这支彩票游戏规则经历第三次调整，与上一次相比，前区号码从45增至49，后区号码不变，相应地，一等奖中奖概率从1/80089128降至1/120526770。虽然第二等奖至九等奖这些固定赔率的奖级奖金不变，但因中奖难度增加，一等奖奖金占总奖金的比例从58.39%增至65.34%。

表4-27　　美国跨州彩票强力球游戏规则（2002年10月9日至2005年8月30日）

基本情况	起始日期	2002年10月9日	终止日期	2005年8月30日
	单注价格	1美元	总合组数	120526770
	前区号码集	53	后区号码集	42
	前区投注号码数	5	后区投注号码数	1
	前区开奖号码数	5	后区开奖号码数	1
奖级	条件	数量	概率	奖金
1	前5+后1	1	1/120526770	39374773*,65.34%,(100%浮动奖金+上期奖池)/中奖注数
2	前5+后0	41	1/2939677.32	100000,6.80%
3	前4+后1	240	1/502194.875	5000,1.99%
4	前4+后0	9840	1/12248.66	100,1.63%
5	前3+后1	11280	1/10685	100,1.87%
6	前3+后0	172960	1/696.85	7,2.01%
7	前2+后1	462480	1/260.61	7,5.37%
8	前1+后1	972900	1/123.88	4,6.46%
9	前0+后1	1712304	1/70.39	3,8.52%
备注				

2005年8月31日起,这支彩票游戏规则经历第四次调整,与上一次相比,前区号码从49增至55,后区号码不变,相应地,一等奖中奖概率从1/120526770降至1/146107962。第二等奖和第三等奖的单注奖金分别从10万美元和5000美元增至20万美元和1万美元,余下固定奖奖金不变。一等奖奖金占总奖金的比例从65.34%降至60.58%。

表4-28　美国跨州彩票强力球游戏规则(2005年8月31日至2009年1月6日)

基本情况	起始日期	2005年8月31日	终止日期	2009年1月6日
	单注价格	1美元	总合组数	146107962
	前区号码集	55	后区号码集	42
	前区投注号码数	5	后区投注号码数	1
	前区开奖号码数	5	后区开奖号码数	1
奖级	条件	数量	概率	奖金
1	前5+后1	1	1/146107962	44253889*,60.58%,(100%浮动奖金+上期奖池)/中奖注数
2	前5+后0	41	1/3563608.83	200000,11.22%
3	前4+后1	250	1/584431.85	10000,3.42%
4	前4+后0	10250	1/14254.44	100,1.40%
5	前3+后1	12250	1/11927.18	100,1.68%
6	前3+后0	196000	1/745.45	7,1.88%
7	前2+后1	502250	1/290.91	7,4.81%
8	前1+后1	1151500	1/126.88	4,6.31%
9	前0+后1	2118760	1/68.96	3,8.70%
备注				

2009年1月7日起,这支彩票游戏规则经历第五次调整。与上一次相比,前区号码从55增至59,后区号码从43降至39,相应地,一等奖中奖概率从1/146107962降至1/195249054。各固定奖奖金不变。一等奖奖金占总奖金的比例从60.58%增至82.53%(见表4-29)。

表 4－29　　美国跨州彩票强力球游戏规则（2009 年 1 月 7 日至 2012 年 1 月 17 日）

基本情况	起始日期	2009 年 1 月 7 日	终止日期	2012 年 1 月 17 日
	单注价格	1 美元	总合组数	195249054
	前区号码集	59	后区号码集	39
	前区投注号码数	5	后区投注号码数	1
	前区开奖号码数	5	后区开奖号码数	1
奖级	条件	数量	概率	奖金
1	前 5 + 后 1	1	1/195249054	63512603*，65.06%，（100% 浮动奖金 + 上期奖池）/中奖注数
2	前 5 + 后 0	38	1/5138133	200000，7.78%
3	前 4 + 后 1	270	1/723144.64	10000，2.77%
4	前 4 + 后 0	10260	1/19030.12	100，1.05%
5	前 3 + 后 1	14310	1/13644.24	100，1.47%
6	前 3 + 后 0	248040	1/787.17	7，1.78%
7	前 2 + 后 1	543780	1/359.06	7，3.90%
8	前 1 + 后 1	1581255	1/123.48	4，6.48%
9	前 0 + 后 1	3162510	1/61.74	3，9.72%
备注				

2012 年 1 月 18 日起，这支彩票游戏规则经历第六次调整。与上一次相比，单注价格从 1 美元增至 2 美元。前区号码不变，后区号码从 39 降至 35，相应地，一等奖中奖概率从 1/195249054 增至 1/175223510。二等奖奖金从 20 万美元减至 10 万美元，其他固定奖奖金不变。一等奖奖金占总奖金的比例从 82.53% 降至 63.95%（见表 4－30）。

表 4－30　　美国跨州彩票强力球游戏规则（2012 年 1 月 18 日至 2015 年 10 月 6 日）

基本情况	起始日期	2012 年 1 月 18 日	终止日期	2015 年 10 月 6 日
	单注价格	2 美元	总合组数	175223510
	前区号码集	59	后区号码集	35
	前区投注号码数	5	后区投注号码数	1
	前区开奖号码数	5	后区开奖号码数	1

续表

奖级	条件	数量	概率	奖金
1	前5+后1	1	1/175223510	112058003*，63.95%，(100%浮动奖金+上期奖池)/中奖注数
2	前5+后0	34	1/5153632.65	1000000，19.40%
3	前4+后1	270	1/648975.96	10000，1.54%
4	前4+后0	9180	1/19087.53	100，0.52%
5	前3+后1	14310	1/12244.83	100，0.82%
6	前3+后0	248040	1/706.43	7，0.99%
7	前2+后1	486540	1/360.14	7，1.94%
8	前1+后1	1581255	1/110.81	4，3.61%
9	前0+后1	3162510	1/55.41	4，7.22%
备注	2013年4月8日，加利福尼亚州加入，目前在该州这支彩票各个奖级奖金均采用"浮动赔率"形式。2012年1月18日至2014年1月18日，曾取消附加玩法"Power Play"，2014年1月19日起又将其恢复。			

2015年10月7日起，这支彩票游戏规则经历第七次调整。与上一次相比，前区号码从59增至69，后区号码从35降至26，相应地，一等奖中奖概率从1/175223510降至1/292201338。各固定奖奖金不变。一等奖奖金占总奖金的比例从63.95%增至68.01%（见表4-31）。

表4-31　美国跨州彩票强力球游戏规则（2015年10月7日至2021年6月30日）

基本情况	起始日期	2015年10月7日	终止日期	2021年6月30日
	单注价格	2美元	总合组数	292201338
	前区号码集	69	后区号码集	26
	前区投注号码数	5	后区投注号码数	1
	前区开奖号码数	5	后区开奖号码数	1
奖级	条件	数量	概率	奖金
1	前5+后1	1	1/292201338	198732486*，68.01%，(100%浮动奖金+上期奖池)/中奖注数
2	前5+后0	25	1/11688053.52	1000000，8.56%
3	前4+后1	320	1/913129.18	50000，5.48%

续表

奖级	条件	数量	概率	奖金
4	前4+后0	8000	1/36525.17	100,0.27%
5	前3+后1	20160	1/14494.11	100,0.69%
6	前3+后0	416640	1/701.33	7,1.00%
7	前2+后1	504000	1/579.76	7,1.21%
8	前1+后1	3176880	1/91.98	4,4.35%
9	前0+后1	7624512	1/38.32	4,10.44%
备注	加利福尼亚州这支彩票各个奖级奖金均采用"浮动赔率"形式。			

(6) 美国跨州彩票超级百万

美国跨州彩票超级百万前身名为"大游戏 (Big Game)",于1996年9月6日最早在乔治亚州、伊利诺斯州、马里兰州、马萨诸塞州、密歇根州和弗吉尼亚州6个州销售,在1999年至2005年,又有6个州加入。2002年5月15日,这支彩票改名为"大游戏超级百万 (The Big Game Mega Millions)",2003年5月17日正式确定为超级百万。在2010年1月31日,有21个州在同一天加入,此后又有陆续11个地区加入。截至2021年6月30日,有45个州以及华盛顿特区和维尔京群岛等47个地区销售。

2003年12月5日,得克萨斯州开始销售这支彩票时,引入附加玩法"Megaplier",到了2010年1月31日以后,其他各州也引入这一玩法。但加利福尼亚州一直没有引入这种玩法,并且在该州这支彩票的各奖级奖金都采取"浮动赔率"(见表4-32)。

表4-32　　　　　美国跨州彩票超级百万各地区首发时间

顺序	地区	首发日期	顺序	地区	首发日期
1	乔治亚州	1996年9月6日	11	得克萨斯州	2003年12月5日
1	伊利诺伊州	1996年9月6日	12	加利福尼亚州	2005年6月22日
1	马里兰州	1996年9月6日	13	阿肯色州	2010年1月31日
1	马萨诸塞州	1996年9月6日	13	康涅狄格州	2010年1月31日
1	密歇根州	1996年9月6日	13	特拉华州	2010年1月31日
1	弗吉尼亚州	1996年9月6日	13	哥伦比亚特区	2010年1月31日
7	新泽西州	1999年5月26日	13	爱达荷州	2010年1月31日
8	纽约州	2002年5月17日	13	印第安纳州	2010年1月31日
8	俄亥俄州	2002年5月17日	13	爱荷华州	2010年1月31日
10	华盛顿州	2002年9月4日	13	堪萨斯州	2010年1月31日

续表

顺序	地区	首发日期	顺序	地区	首发日期
13	肯塔基州	2010年1月31日	13	威斯康星州	2010年1月31日
13	明尼苏达州	2010年1月31日	36	蒙大拿州	2010年3月1日
13	密苏里州	2010年1月31日	37	内布拉斯加州	2010年3月20日
13	新罕布什尔州	2010年1月31日	38	俄勒冈州	2010年3月28日
13	新墨西哥州	2010年1月31日	39	亚利桑那州	2010年4月18日
13	北卡罗来纳州	2010年1月31日	40	缅因州	2010年5月9日
13	北达科他州	2010年1月31日	41	科罗拉多州	2010年5月16日
13	俄克拉荷马州	2010年1月31日	41	南达科他州	2010年5月16日
13	宾夕法尼亚州	2010年1月31日	43	维尔京群岛	2010年10月4日
13	罗得岛州	2010年1月31日	44	路易斯安那州	2011年11月16日
13	南卡罗来纳州	2010年1月31日	45	佛罗里达州	2013年5月15日
13	田纳西州	2010年1月31日	46	怀俄明州	2014年8月24日
13	佛蒙特州	2010年1月31日	47	密西西比州	2020年1月30日
13	西弗吉尼亚州	2010年1月31日			

这支彩票于1996年9月6日上市,购彩者在白球(前区号码)1—50共50个数字中选择5个投注号码,在金球(后区号码)1—25共25个数字中选择个投注号码,组成共用有6个号码的号码组。发行机构开出相同数量的前区号码和后区号码。单注价格为1美元(见表4-33)。

表4-33　美国跨州彩票超级百万游戏规则(1996年9月6日至1999年1月14日)

基本情况	起始日期	1996年9月6日	终止日期	1999年1月14日
	单注价格	1美元	总合组数	52969000
	前区号码集	50	后区号码集	25
	前区投注号码数	5	后区投注号码数	1
	前区开奖号码数	5	后区开奖号码数	1
奖级	条件	数量	概率	奖金
1	前5+后1	1	1/52969000	
2	前5+后0	24	1/2207041.67	
3	前4+后1	225	1/235417.78	
4	前4+后0	5400	1/9809.07	
5	前3+后1	9900	1/5350.40	
6	前3+后0	237600	1/222.93	

续表

奖级	条件	数量	概率	奖金
7	前2+后1	141900	1/373.28	
8	前1+后1	744975	1/71.10	
9	前0+后1	1221759	1/43.35	
备注	各奖级奖金情况不详。			

1999年1月15日起，这支彩票游戏规则经历第二次调整，与上一次相比，前区号码不变，后区号码从25增至36，相应地，一等奖中奖概率从1/52969000降至1/76275360。

这支彩票只有一等奖采用浮动赔率形式，其他二等奖至九等奖都采用固定赔率形式（见表4-34）。

表4-34 美国跨州彩票超级百万游戏规则（1999年1月15日至2002年5月16日）

基本情况	起始日期	1999年1月15日	终止日期	2002年5月16日
	单注价格	1美元	总合组数	76275360
	前区号码集	50	后区号码集	36
	前区投注号码数	5	后区投注号码数	1
	前区开奖号码数	5	后区开奖号码数	1
奖级	条件	数量	概率	奖金
1	前5+后1	1	1/76275360	24437751*，64.08%，(100%浮动奖金+上期奖池)/中奖注数
2	前5+后0	35	1/2179296	150000，13.77%
3	前4+后1	225	1/339001.60	5000，2.95%
4	前4+后0	7875	1/9685.76	150，3.10%
5	前3+后1	9900	1/7704.58	100，2.60%
6	前3+后0	346500	1/220.13	5，4.54%
7	前2+后1	141900	1/537.53	5，1.86%
8	前1+后1	744975	1/102.39	2，3.91%
9	前0+后1	1221759	1/62.43	1，3.20%
备注				

2002年5月17日起,这支彩票游戏规则经历第三次调整。与上一次相比,前区号码从50增至52,后区号码从36增至52,相应地,一等奖中奖概率从1/76275360降至1/135145920。各固定奖奖金有所变化,其中二等奖从15万美元增至17.5万美元,六等奖至九等奖分别从5美元、5美元、2美元和1美元增至7美元、10美元、3美元和2美元,一等奖奖金占总奖金的比例从64.08%降至63.38%。

表4-35　　美国跨州彩票超级百万游戏规则(2002年5月17日至2005年6月23日)

基本情况	起始日期	2002年5月17日	终止日期	2005年6月23日
	单注价格	1美元	总合组数	135145920
	前区号码集	52	后区号码集	52
	前区投注号码数	5	后区投注号码数	1
	前区开奖号码数	5	后区开奖号码数	1
奖级	条件	数量	概率	奖金
1	前5+后1	1	1/135145920	42829638*,63.38%,(100%浮动奖金+上期奖池)/中奖注数
2	前5+后0	51	1/2649920	175000,13.21%
3	前4+后1	235	1/575089.02	5000,1.74%
4	前4+后0	11985	1/11276.26	150,2.66%
5	前3+后1	10810	1/12501.94	150,2.40%
6	前3+后0	551310	1/245.14	7,5.71%
7	前2+后1	162150	1/833.46	10,2.40%
8	前1+后1	891825	1/151.54	3,3.96%
9	前0+后1	1533939	1/88.10	2,4.54%
备注	2003年12月5日,得克萨斯州引入附加玩法"Megaplier",但仅限于此州。			

2005年6月24日起,这支彩票游戏规则经历第四次调整。与上一次相比,前区号码从52增至56,后区号码从52降至46,相应地,一等奖中奖概率从1/135145920降至1/175711536。二等奖从17.5万美元增至25万美元,其余固定奖奖金不变。一等奖奖金占总奖金的比例从63.38%增至63.60%(见表4-36)。

表4-36　　美国跨州彩票超级百万游戏规则（2005年6月24日至2013年10月17日）

基本情况	起始日期	2005年6月24日	终止日期	2013年10月17日
	单注价格	1美元	总合组数	175711536
	前区号码集	56	后区号码集	46
	前区投注号码数	5	后区投注号码数	1
	前区开奖号码数	5	后区开奖号码数	1
奖级	条件	数量	概率	奖金
1	前5+后1	1	1/175711536	55877327*，63.60%，（100%浮动奖金+上期奖池）/中奖注数
2	前5+后0	45	1/3904700.80	250000，12.81%
3	前4+后1	255	1/689064.85	10000，2.90%
4	前4+后0	11475	1/15312.55	150，1.96%
5	前3+后1	12750	1/13781.30	150，2.18%
6	前3+后0	573750	1/306.25	7，4.57%
7	前2+后1	208250	1/843.75	10，2.37%
8	前1+后1	1249500	1/140.63	3，4.27%
9	前0+后1	2349060	1/74.81	2，5.35%
备注	2010年1月31日起，各州引入"Megaplier"玩法。但加利福尼亚州一直除外，并且该州这支彩票各个奖级奖金均采用"浮动赔率"形式。			

2013年10月18日起，这支彩票游戏规则经历第五次调整。与上一次相比，前区号码从56增至75，后区号码从46降至15，相应地，一等奖中奖概率从1/175711536降至1/258890850。二等奖从25万美元降至10万美元，其他各固定奖也有所变化。一等奖奖金占总奖金的比例从63.60%增至65.15%（见表4-37）。

表4-37　　美国跨州彩票超级百万游戏规则（2013年10月18日至2017年10月30日）

基本情况	起始日期	2013年10月18日	终止日期	2017年10月30日
	单注价格	1美元	总合组数	258890850
	前区号码集	75	后区号码集	15
	前区投注号码数	5	后区投注号码数	1
	前区开奖号码数	5	后区开奖号码数	1

续表

奖级	条件	数量	概率	奖金
1	前5+后1	1	1/258890850	84337935*，65.15%，（100%浮动奖金+上期奖池）/中奖注数
2	前5+后0	14	1/18492203.57	1000000，10.82%
3	前4+后1	350	1/739688.14	5000，1.35%
4	前4+后0	4900	1/52834.87	500，1.89%
5	前3+后1	24150	1/10720.12	50，0.93%
6	前3+后0	338100	1/765.72	5，1.31%
7	前2+后1	547400	1/472.95	5，2.11%
8	前1+后1	4584475	1/56.47	2，7.08%
9	前0+后1	12103014	1/21.39	1，9.35%
备注	加利福尼亚州这支彩票各个奖级奖金均采用"浮动赔率"形式。			

2017年10月31日起，这支彩票游戏规则经历第六次调整。与上一次相比，单注价格从1美元增至2美元，前区号码从70降至70，后区号码从15增至25，相应地，一等奖中奖概率从1/258890850降至1/302575350。各固定奖有所变化。一等奖奖金占总奖金的比例从65.15%增至75.30%（见表4-38）。

表4-38　美国跨州彩票超级百万游戏规则（2017年10月31日至2021年6月30日）

基本情况	起始日期	2017年10月31日	终止日期	2021年6月30日
	单注价格	2美元	总合组数	302575350
	前区号码集	70	后区号码集	25
	前区投注号码数	5	后区投注号码数	1
	前区开奖号码数	5	后区开奖号码数	1

奖级	条件	数量	概率	奖金
1	前5+后1	1	1/302575350	227843644*，75.30%，（100%浮动奖金+上期奖池）/中奖注数
2	前5+后0	24	1/12607306.25	1000000，7.93%
3	前4+后1	325	1/931001.08	10000，1.07%
4	前4+后0	7800	1/38791.71	500，1.29%
5	前3+后1	20800	1/14546.89	200，1.37%

续表

奖级	条件	数量	概率	奖金
6	前3+后0	499200	1/606.12	10，1.65%
7	前2+后1	436800	1/692.71	10，1.44%
8	前1+后1	3385200	1/89.38	4，4.48%
9	前0+后1	8259888	1/36.63	2，5.46%
备注	加利福尼亚州这支彩票各个奖级奖金均采用"浮动赔率"形式。			

4.3 数字型彩票概况

本书中数字型彩票共有8支，中国3支，外国5支。中国3支彩票分别为中国体育彩票的排列五和排列三，中国福利彩票的3D，外国5支数字型彩票分别是日本宝签彩票的数字四（Numbers 4）和数字三（Numbers 3）、加拿大安大略省的选三（Pick 3）以及美国得克萨斯州的选四（Pick 4）和选三（Pick 3）。

4.3.1 中国各支数字型彩票概况

中国3支数字型彩票分别是中国体育彩票的排列五和排列三，中国福利彩票的3D（见表4-39）。

表4-39　　　　　　　中国各支数字型彩票简介

项目	发行机构	中国体育彩票		中国福利彩票
	彩种名称	排列五	排列三	3D
样本期间	首发日	2004年11月14日	2004年11月18日	2004年10月18日
	有效首日	2004年11月14日	2004年11月18日	2004年10月18日
	总期数	5890	5890	5922
	有效期数	5890	5890	5922
	覆盖率	100.00%	100.00%	100.00%
单期注数（万）	平均值	420.85	1201.73	2530.10
	最小值	7.98	45.80	151.34
	1/4位数	373.26	774.33	2266.12
	中位数	430.23	994.70	2522.38
	3/4位数	483.21	1320.89	2803.24
	最大值	856.03	11129.82	7353.72

续表

项目	发行机构	中国体育彩票		中国福利彩票
	彩种名称	排列五	排列三	3D
近年销量（亿美元）	2016 年	4.52	7.07	22.42
	2017 年	5.25	8.06	24.03
	2018 年	5.36	7.78	24.20
	2019 年	5.46	8.33	25.09
	2020 年	5.67	11.29	24.94
	2021 年上半年	3.75	7.15	17.04

（1）中国体育彩票排列五

这支彩票于 2004 年 11 月 18 日在全国范围发行，购彩者从 00000—99999 的数字中选取 1 个 5 位数为投注号码，发行机构同样开出一个 5 位排列号码作为中奖号码。这支彩票只有一种玩法，即直选玩法。

截至 2021 年 6 月 30 日，其游戏规则基本没有任何变化（见表 4-40）。

表 4-40　　中国体育彩票排列五游戏规则（2004 年 11 月 18 日至 2021 年 6 月 30 日）

基本情况	起始日期	2004 年 11 月 18 日	终止日期	2021 年 6 月 30 日	单注价格	2 元
号码情况	每位号码	0 至 9	位次	5	总组合数	100000
各种玩法	位次要求	中奖条件			概率	奖金
直选	有	投注号码与中奖号码完全相同			1/100000	100000
备注	财政部于 2005 年 2 月 28 日发布《财综〔2005〕4 号，财政部关于加强排列 3、排列 5 和 3D 游戏风险管理的通知》，实行单期返奖总额控制。（一）销售额低于 1000 万元时（含 1000 万元），最高返奖总额为当期计提奖金+奖池资金+调节基金+当期销售额的 150%；单期销售额在 1000 万元至 2000 万元（含 2000 万元）时，最高返奖总额为当期计提奖金+奖池资金+调节基金+当期销售额的 100%；单期销售额超过 2000 万元时，最高返奖总额为当期计提奖金+奖池资金+调节基金+当期销售额的 50%。（二）单期实际中奖总额若超过当期最高返奖总额时，单注彩票奖金=当期最高返奖总额/当期中奖注数。						

（2）中国体育彩票排列三

这支彩票于 2004 年 11 月 18 日在全国范围发行，购彩者从 000—999 的数字中选取 1 个 3 位数为投注号码，发行机构同样开出一个 3 位排列号码作为中奖号码。这支彩票有两种玩法，直选玩法和组选玩法，后者又细分为组选三和组选六。截至 2021 年 6 月 30 日，各玩法的中奖条件没有任何变化。

不过这一期间，这支彩票的其他游戏规则有所变化（见表4-41）。

表4-41　中国体育彩票排列三游戏规则（2004年11月18日至2014年8月25日）

基本情况	起始日期	2004年11月18日	终止日期	2021年8月25日	单注价格	2元
号码情况	每位号码	0至9	位次	3	总组合数	1000
各种玩法	位次要求	中奖条件			概率	奖金
直选	有	投注号码与中奖号码完全相同			1/1000	1000
组选三	无	投注号码与中奖号码完全相同，且各位次中奖号码有两位相同			3/1000	320
组选六	无	投注号码与中奖号码完全相同，且各位次中奖号码没有相同号码			6/1000	160
备注	财政部于2005年2月28日发布《财综〔2005〕4号，财政部关于加强排列3、排列5和3D游戏风险管理的通知》，决定实行单期返奖总额控制。（一）销售额低于1000万元时（含1000万元），最高返奖总额为当期计提奖金+奖池资金+调节基金+当期销售额的150%；单期销售额在1000万元至2000万元（含2000万元）时，最高返奖总额为当期计提奖金+奖池资金+调节基金+当期销售额的100%；单期销售额超过2000万元时，最高返奖总额为当期计提奖金+奖池资金+调节基金+当期销售额的50%。（二）单期实际中奖总额若超过当期最高返奖总额时，按以下规则分配奖金：单注奖金=兑付率×各奖级单注固定奖金额。其中兑付率=（当期最高返奖总额/当期实际中奖总额）×100%。 2008年5月5日起，排列三实行全国统一限制投注号码管理。在当期销售过程中，当投注号码未达到销售系统允许的最大投注数额时，该投注视为有效投注；若所选投注号码超过销售系统允许的最大投注数额时，销售终端将不再销售该注号码。					

2014年8月26日，这支彩票游戏规则经历调整，直选奖金从1000元增至1040元，组选三奖金从320元增至346元，组选六奖金从160元增至173元（见表4-42）。

表4-42　中国体育彩票排列三游戏规则（2014年8月26日至2021年6月30日）

基本情况	起始日期	2014年8月26日	终止日期	2021年6月30日	单注价格	2元
号码情况	每位号码	0至9	位次	3	总组合数	1000
各种玩法	位次要求	中奖条件			概率	奖金
直选	有	投注号码与中奖号码完全相同			1/1000	1040
组选三	无	投注号码与中奖号码完全相同，且各位次中奖号码有两位相同			3/1000	346
组选六	无	投注号码与中奖号码完全相同，且各位次中奖号码没有相同号码			6/1000	173
备注						

(3) 中国福利彩票 3D

这支彩票于 2004 年 10 月 18 日在全国范围发行,购彩者从 000—999 的数字中选取 1 个 3 位数为投注号码,发行机构同样开出一个 3 位排列号码作为中奖号码。这支彩票有两种玩法,直选玩法和组选玩法,后者又细分为组选三和组选六。截至 2021 年 6 月 30 日,各玩法的中奖条件没有任何变化。

不过在此期间,这支彩票的其他游戏规则有所变化(见表 4-43)。

表 4-43　　中国福利彩票 3D 游戏规则(2004 年 10 月 18 日至 2014 年 8 月 25 日)

基本情况	起始日期	2004 年 10 月 18 日	终止日期	2021 年 8 月 25 日	单注价格	2 元
号码情况	每位号码	0 至 9	位次	3	总组合数	1000
各种玩法	位次要求	中奖条件			概率	奖金
直选	有	投注号码与中奖号码完全相同			1/1000	1000
组选三	无	投注号码与中奖号码完全相同,且各位次中奖号码有两位相同			3/1000	320
组选六	无	投注号码与中奖号码完全相同,且各位次中奖号码没有相同号码			6/1000	160
备注	财政部于 2005 年 2 月 28 日发布《财综〔2005〕4 号,财政部关于加强排列 3、排列 5 和 3D 游戏风险管理的通知》,决定实行单期返奖总额控制。(一)销售额低于 1000 万元时(含 1000 万元),最高返奖总额为当期计提奖金 + 奖池资金 + 调节基金 + 当期销售额的 150%;单期销售额在 1000 万元至 2000 万元(含 2000 万元)时,最高返奖总额为当期计提奖金 + 奖池资金 + 调节基金 + 当期销售额的 100%;单期销售额超过 2000 万元时,最高返奖总额为当期计提奖金 + 奖池资金 + 调节基金 + 当期销售额的 50%。(二)单期实际中奖总额若超过当期最高返奖总额时,按以下规则分配奖金:单注奖金 = 兑付率 × 各奖级单注固定奖金额。其中兑付率 =(当期最高返奖总额/当期实际中奖总额)× 100%。 同一天,福利彩票发行机构采取"限号"政策:根据公式设置某个号码的最大投注数,在当期销售过程中,当投注号码未达到销售系统允许的最大投注数额时,该投注视为有效投注;若所选投注号码超过销售系统允许的最大投注数额时,销售终端将不再销售该注号码。						

2014 年 8 月 26 日,这支彩票游戏规则经历调整,直选奖金从 1000 元增至 1040 元,组选三奖金从 320 元增至 346 元,组选六奖金从 160 元增至 173 元(见表 4-44)。

表4－44　中国福利彩票3D游戏规则（2014年8月26日至2021年6月30日）

基本情况	起始日期	2014年8月26日	终止日期	2021年6月30日	单注价格	2元
号码情况	每位号码	0至9	位次	3	总组合数	1000
各种玩法	位次要求	中奖条件			概率	奖金
直选	有	投注号码与中奖号码完全相同			1/1000	1040
组选三	无	投注号码与中奖号码完全相同，且各位次中奖号码有两位相同			3/1000	346
组选六	无	投注号码与中奖号码完全相同，且各位次中奖号码没有相同号码			6/1000	173
备注						

4.3.2　外国各支数字型彩票概况

外国5支数字型彩票分别是日本的数字四（Numbers 4）和数字三（Numbers 3），加拿大安大略省的选三（Pick 3）、美国得克萨斯州的选四（Pick 4）和选三（Pick 3）（见表4－45）。

表4－45　外国各支数字型彩票简介

项目	发行地区	日本		加拿大安大略省	美国得克萨斯州	
	彩种名称	数字四	数字三	选三	选四	选三
样本期间	首发日	1994年10月7日	1994年10月7日	1996年7月1日	2007年10月1日	2002年4月29日
	有效首日	1999年4月14日	1997年10月13日	1996年11月1日	2007年10月1日	2002年4月29日
	总期数	5726	5726	12303	13500	16896
	有效期数	5194	5423	11334	13497	16890
	覆盖率	90.71%	94.71%	92.12%	99.98%	99.96%
单期注数（万）	平均值	156.23	53.79	14.15	8.89	31.10
	最小值	72.42	28.07	0.85	0.86	2.65
	1/4位数	116.48	41.65	9.44	7.03	18.52
	中位数	138.01	47.87	13.28	8.44	27.78
	3/4位数	172.55	57.78	16.45	10.51	42.25
	最大值	328.70	105.97	162.31	22.90	82.39

续表

项目	发行地区	日本		加拿大安大略省	美国得克萨斯州	
	彩种名称	数字四	数字三	选三	选四	选三
近年销量（亿美元）	2016年	5.12	1.83	0.50	0.97	2.58
	2017年	5.08	1.85	0.55	1.06	2.56
	2018年	5.20	1.93	0.50	1.15	2.61
	2019年	5.44	2.07	0.26	1.14	2.47
	2020年	5.92	2.22	0.75	1.18	2.71
	2021年上半年	2.83	1.12	1.04	0.62	1.46

（1）日本宝签彩票数字三

这支彩票于1994年10月7日发行，购彩者从000—999的数字中选取1个3位数为投注号码，发行机构同样开出一个3位排列号码作为中奖号码。

这支彩票有四种玩法，直选玩法、组选玩法、混合玩法和迷你玩法。组选玩法又细分为组选三和组选六，混合玩法又分为混合直选（1）、混合直选（2）、混合组选三和混合组选六。

截至2021年6月30日，其游戏规则没有任何变化（见表4-46）。

表4-46　　日本宝签彩票数字三游戏规则（1994年10月7日至2021年6月30日）

基本情况	起始日期	1994年10月7日	终止日期	2021年6月30日	单注价格	200日元
号码情况	每位号码	0至9	位次	3	总组合数	1000
各种玩法	位次要求	中奖条件			概率	奖金
直选	有	投注号码与中奖号码完全相同			1/1000	90000
组选三	无	投注号码与中奖号码完全相同，且各位次中奖号码有两位相同			3/1000	30000
组选六	无	投注号码与中奖号码完全相同，且各位次中奖号码没有相同号码			6/1000	15000
混合直选（1）	有	投注号码与中奖号码完全相同，且各位次中奖号码有两位相同			1/1000	52500
混合直选（2）	有	投注号码与中奖号码完全相同，且各位次中奖号码没有相同号码			1/1000	60000
混合组选三	无	投注号码与中奖号码完全相同，且各位次中奖号码有两位相同			2/1000	15000

续表

各种玩法	位次要求	中奖条件	概率	奖金
直选	有	投注号码与中奖号码完全相同	1/1000	90000
混合组选六	无	投注号码与中奖号码完全相同,且各位次中奖号码没有相同号码	5/1000	7500
迷你	有	投注号码与中奖号码末两位相同	10/1000	9000
备注		返奖率为45%,奖金为预期值。起初每周开奖1次,1995年1月起,每周开奖2次;1997年10月13日起,每周开奖3次;2004年6月28日起,每周开奖5次。		

(2) 日本宝签彩票数字四

这支彩票于1994年10月7日发行,购彩者从0000-9999的数字中选取1个4位数为投注号码,发行机构同样开出一个4位排列号码作为中奖号码。

这支彩票有两种玩法,直选玩法和组选玩法。组选玩法又细分为组选四、组选六、组选十二和组选二十四。

截至2021年6月30日,其游戏规则没有任何变化(见表4-47)。

表4-47 日本宝签彩票数字四游戏规则(1994年10月7日至2019年6月30日)

基本情况	起始日期	1994年10月7日	终止日期	2021年6月30日	单注价格	200日元
号码情况	每位号码	0至9	位次	4	总组合数	10000
各种玩法	位次要求	中奖条件		概率	奖金	
直选	有	投注号码与中奖号码完全相同		1/10000	900000	
组选四	无	投注号码与中奖号码完全相同,且各位次中奖号码有三位相同		4/10000	225000	
组选六	无	投注号码与中奖号码完全相同,且各位次中奖号码有两对相同		6/10000	150000	
组选十二	有	投注号码与中奖号码完全相同,且各位次中奖号码只有一次两位相同		12/10000	75000	
组选二十四	无	投注号码与中奖号码完全相同,且各位次中奖号码没有相同号码		24/10000	37500	
备注		返奖率为45%,奖金为预期值。起初每周开奖1次,1995年1月起,每周开奖2次;1997年10月13日起,每周开奖3次;2004年6月28日起,每周开奖5次。				

(3) 加拿大安大略省彩票选三

这支彩票于1996年7月1日发行,购彩者从000—999的数字中选取1个3

位数为投注号码,发行机构同样开出一个3位排列号码作为中奖号码。这支彩票有两种玩法——直选玩法和组选玩法,后者又细分为组选三和组选六。

截至2021年6月30日,其游戏规则没有任何变化(见表4-48)。

表4-48　加拿大安大略省彩票选三游戏规则(1996年7月1日至2021年6月30日)

基本情况	起始日期	1996年7月1日	终止日期	2021年6月30日	单注价格	1加元
号码情况	每位号码	0至9	位次	3	总组合数	1000
各种玩法	位次要求	中奖条件			概率	奖金
直选	有	投注号码与中奖号码完全相同			1/1000	500
组选三	无	投注号码与中奖号码完全相同,且各位次中奖号码有两位相同			3/1000	166.67
组选六	无	投注号码与中奖号码完全相同,且各位次中奖号码没有相同号码			6/1000	83.33
备注	返奖率为50%,奖金为预期值。					

(4)美国得克萨斯州彩票选三

这支彩票于2002年4月29日发行,购彩者从000—999的数字中选取1个3位数为投注号码,发行机构同样开出一个3位排列号码作为中奖号码。这支彩票有两种玩法——直选玩法和组选玩法,后者又细分为组选三和组选六。

截至2021年6月30日,其游戏规则没有任何变化(见表4-49)。

表4-49　美国得克萨斯州彩票选三游戏规则(2002年4月29日至2021年6月30日)

基本情况	起始日期	2002年4月29日	终止日期	2021年6月30日	单注价格	1美元
号码情况	每位号码	0至9	位次	3	总组合数	1000
各种玩法	位次要求	中奖条件			概率	奖金
直选	有	投注号码与中奖号码完全相同			1/1000	500
组选三	无	投注号码与中奖号码完全相同,且各位次中奖号码有两位相同			3/1000	160
组选六	无	投注号码与中奖号码完全相同,且各位次中奖号码没有相同号码			6/1000	80
备注	起初每日开奖2次,2019年9月9日起,每日开奖4次。					

(5)美国得克萨斯州彩票选四

这支彩票于2007年10月1日发行,购彩者从0000—9999的数字中选取1个

4位数为投注号码,发行机构同样开出一个4位排列号码作为中奖号码。

这支彩票有两种玩法——直选玩法和组选玩法,组选玩法又细分为组选四、组选六、组选十二和组选二十四。

截至2021年6月30日,其游戏规则没有任何变化(见表4-50)。

表4-50　美国得克萨斯州彩票选四游戏规则(2007年10月1日至2021年6月30日)

基本情况	起始日期	2007年10月1日	终止日期	2021年6月30日	单注价格	1美元
号码情况	每位号码	0至9	位次	4	总组合数	10000
各种玩法	位次要求	中奖条件			概率	奖金
直选	有	投注号码与中奖号码完全相同			1/10000	5000
组选四	无	投注号码与中奖号码完全相同,且各位次中奖号码有三位相同			4/10000	1200
组选六	无	投注号码与中奖号码完全相同,且各位次中奖号码有两对相同			6/10000	800
组选十二	有	投注号码与中奖号码完全相同,且各位次中奖号码只有一次两位相同			12/10000	400
组选二十四	无	投注号码与中奖号码完全相同,且各位次中奖号码没有相同号码			24/10000	200
备注	起初每日开奖2次,2019年9月9日起,每日开奖4次。					

第5章 彩票购买者有意择号行为的程度

根据3.2部分介绍的方法，我们计算了5个国家18支样本彩票相关指标，结果如下。

5.1 乐透型彩票

5.1.1 单期各综合指数情况

综合表5-1和表5-2，可以得到如下结果：

第一，中外10支乐透型彩票的单期综合偏离比例平均值都非常接近1，最小的中国福利彩票双色球为0.9846，最大的中国体育彩票超级大乐透为1.0615。这说明，从长期角度，各支乐透型彩票各奖级总的实际中奖注数与理论中奖注数是一致的。

第二，各支乐透型彩票的单期综合偏离比例和单期综合偏离指数波动都很大。单期综合偏离比例的最大值与最小值之差即极差都超过了4.5，最小的中国福利彩票七乐彩为4.7059，最大的中国体育彩票超级大乐透为16.6756。单期综合偏离指数的极差也都超过了0.8，最小的美国超级百万为0.8436，最大的中国体育彩票超级大乐透为2.5590。这说明，各支乐透型彩票在各投注期的实际中奖注数与理论中奖注数都差别巨大。

第三，各支乐透型彩票的单期综合偏离比例中位数都小于1，最小的英国大乐透为0.8662，最大的加拿大乐透649为0.9496。同样，单期综合偏离指数中位数都小于0，最小的中国福利彩票双色球为-0.0932，最大的美国超级百万为-0.0159。这说明，各支乐透型彩票的中奖情况并非对称分布，而是向左偏，即较多情况下是实际中奖注数较小于理论中奖注数，较少情况是实际中奖注数远高于理论中奖注数。通俗而言，就是要么不中奖，中奖就是中多注。

第四，各支彩票的单期综合程度指数的平均值都远大于0，最小的美国强力球为0.1091，最大的中国体育彩票超级大乐透为0.2858。甚至各支彩票单期综

表 5-1　　中国各支乐透型彩票单期各综合指数情况

项目	发行机构	中国体育彩票		中国福利彩票	
	彩种名称	超级大乐透	七星彩	双色球	七乐彩
单期综合偏离比例	平均值	1.0615	1.0120	0.9846	1.0060
	极差	16.6756	15.1201	5.6856	4.7059
	最小值	0.3468	0.3696	0.3000	0.4342
	1/4 位数	0.7273	0.7583	0.7078	0.7749
	中位数	0.8970	0.9057	0.8883	0.9292
	3/4 位数	1.1750	1.1209	1.1303	1.1346
	最大值	17.0224	15.4897	5.9857	5.1401
单期综合偏离指数	平均值	-0.0027	-0.0172	-0.0356	-0.0115
	极差	2.5590	1.6524	1.9092	1.6926
	最小值	-0.4685	-0.4024	-0.4952	-0.4218
	1/4 位数	-0.2069	-0.1455	-0.2327	-0.1701
	中位数	-0.0742	-0.0487	-0.0932	-0.0570
	3/4 位数	0.1285	0.0655	0.0975	0.1029
	最大值	2.0906	1.2500	1.4139	1.2708
单期综合程度指数	平均值	0.2858	0.1891	0.2655	0.2122
	极差	2.0378	1.2362	1.3983	1.2506
	最小值	0.0528	0.0138	0.0157	0.0201
	1/4 位数	0.1945	0.1275	0.1756	0.1350
	中位数	0.2514	0.1702	0.2428	0.1883
	3/4 位数	0.3173	0.2245	0.3197	0.2573
	最大值	2.0906	1.2500	1.4139	1.2708

表 5-2　　外国各支乐透型彩票单期各综合指数情况

项目	发行地区	日本		英国	加拿大	美国	
	彩种名称	乐透七	乐透六	大乐透	乐透649	强力球	超级百万
单期综合偏离比例	平均值	1.0043	1.0000	0.9892	1.0036	0.9940	1.0017
	极差	10.3026	11.3952	12.2891	14.5754	4.7263	4.9048
	最小值	0.5320	0.3845	0.3375	0.0278	0.6154	0.5922
	1/4 位数	0.7628	0.7494	0.6781	0.7674	0.8022	0.8097
	中位数	0.9283	0.9071	0.8662	0.9116	0.8706	0.8844
	3/4 位数	1.1475	1.1628	1.1415	1.1362	0.9738	1.0016
	最大值	10.8345	11.7798	12.6266	14.6033	5.3416	5.4970

续表

项目	发行地区	日本		英国	加拿大	美国	
	彩种名称	乐透七	乐透六	大乐透	乐透649	强力球	超级百万
单期综合偏离指数	平均值	-0.0235	-0.0176	-0.0264	-0.0165	-0.0023	0.0040
	极差	1.3244	1.4353	2.1387	1.9805	0.9708	0.8436
	最小值	-0.3020	-0.4370	-0.4773	-0.6721	-0.1846	-0.1936
	1/4位数	-0.1355	-0.1741	-0.2049	-0.1172	-0.0701	-0.0642
	中位数	-0.0501	-0.0619	-0.0750	-0.0448	-0.0254	-0.0159
	3/4位数	0.0716	0.1104	0.0929	0.0524	0.0397	0.0468
	最大值	1.0224	0.9983	1.6614	1.3084	0.7862	0.6500
单期综合程度指数	平均值	0.1696	0.2158	0.2419	0.1718	0.1091	0.1256
	极差	1.0016	0.9849	1.6488	1.3849	0.7872	0.6735
	最小值	0.0208	0.0134	0.0126	0.0041	0.0156	0.0186
	1/4位数	0.1154	0.1391	0.1571	0.1149	0.0708	0.0771
	中位数	0.1522	0.1944	0.2167	0.1545	0.0957	0.1077
	3/4位数	0.2144	0.2659	0.2947	0.2073	0.1257	0.1479
	最大值	1.0224	0.9983	1.6614	1.3889	0.8028	0.6920

合程度指数的1/4分位数也都大于0，最小的美国强力球为0.0708，最大的中国体育彩票超级大乐透为0.1945。这说明，各支乐透型彩票的购买者都存在明显的有意择号行为。

5.1.2 年度各综合指数情况

综合图5-1、图5-2和图5-3，可以得到如下结果：

第一，排除发行首年销售期数较少导致随机因素影响较大的原因外，如图5-1所示，绝大多数乐透型彩票绝大多数年份的年度综合偏离比例都在0.9至1.1之间。同样，如图5-2所示，年度综合偏离指数都在±0.05之间。这也进一步验证了5.1.1的结果，即从长期角度，乐透型各支彩票各奖级总的实际中奖注数与理论中奖注数是一致的。

第二，如图5-3所示，各支乐透型彩票的年度综合程度指数都明显大于0，最小值是美国强力球在2001年为0.0911，最大值是英国大乐透在1994年为0.3382。这进一步说明，乐透型彩票购买者都存在明显的有意择号行为。

第三，如图5-3所示，大部分彩票在发行之初，年度综合程度指数较高，但会逐渐下降，基本上三五年以后就会保持稳定。例如，中国体育彩票超级大乐透在发行之初的2007年至2010年的四年间，年度综合程度指数都在0.3左右，但 2014 年以后则稳定在 0.25 左右。这说明，乐透型彩票购买者的有意择号行为是长期且稳定存在的。

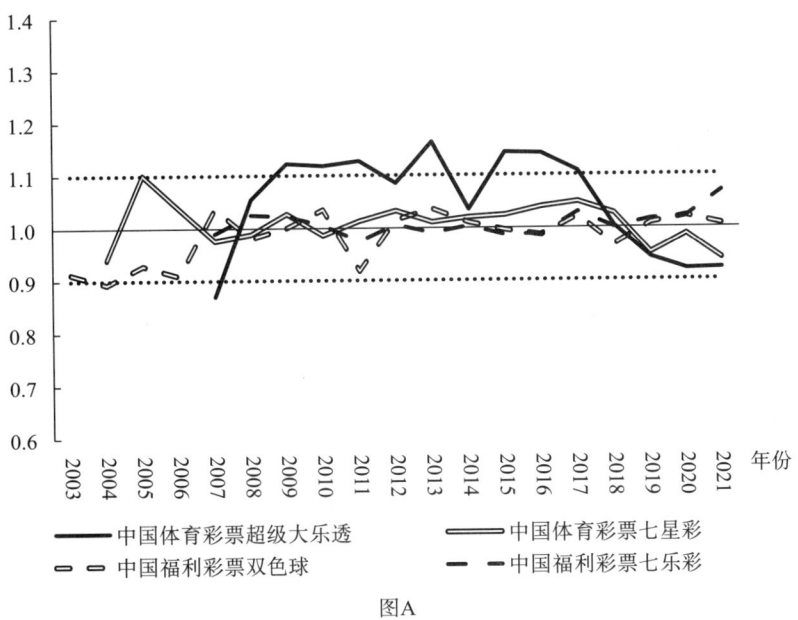

图A

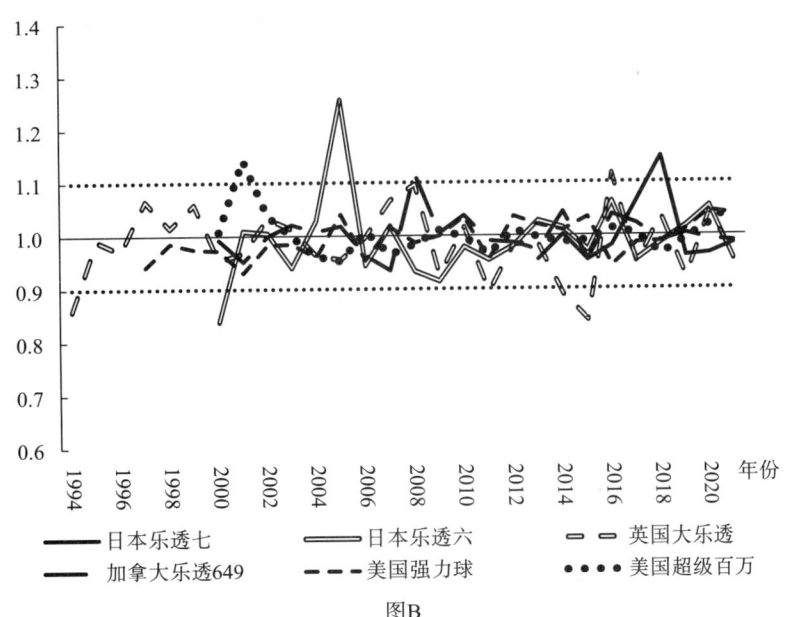

图B

图 5-1　中外各支乐透型彩票年度综合偏离比例情况

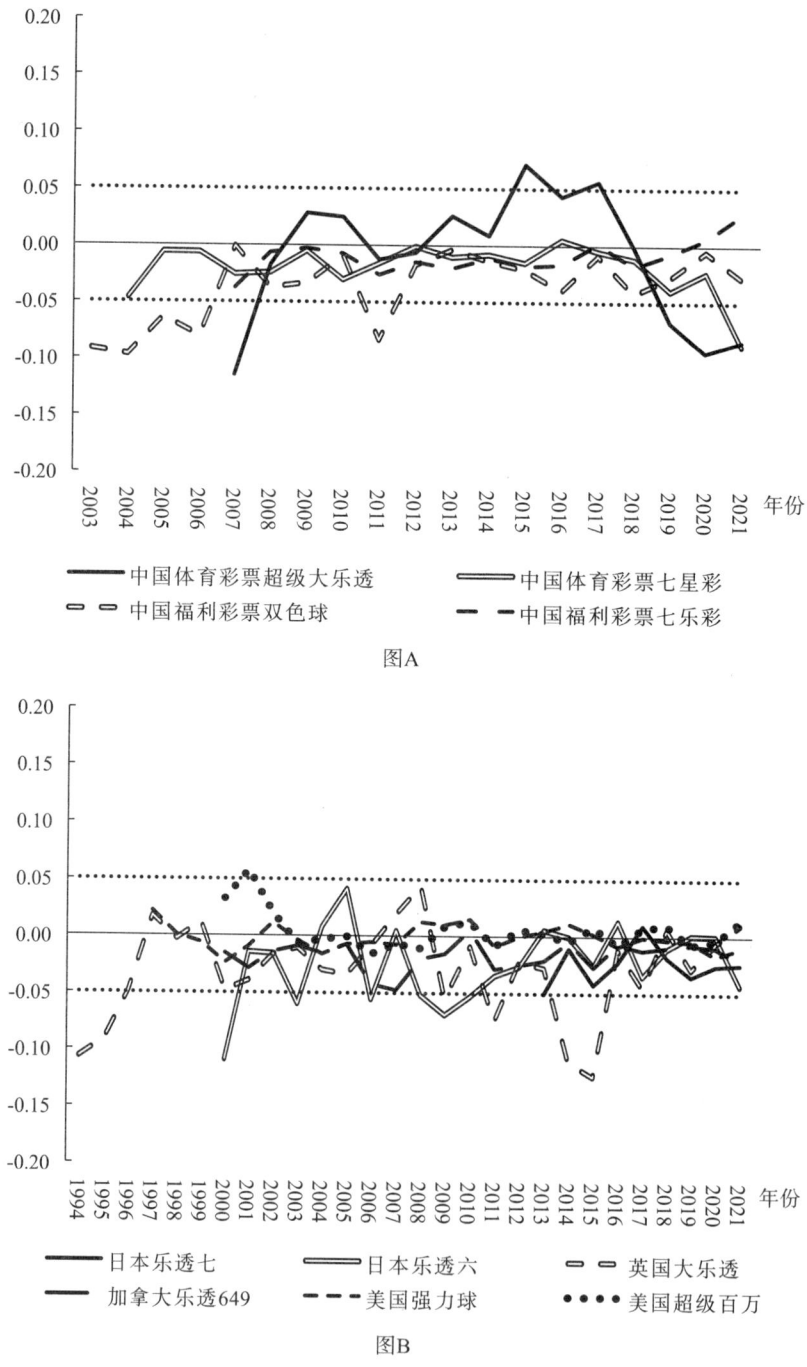

图 5-2 中外各支乐透型彩票年度综合偏离指数情况

第5章 彩票购买者有意择号行为的程度

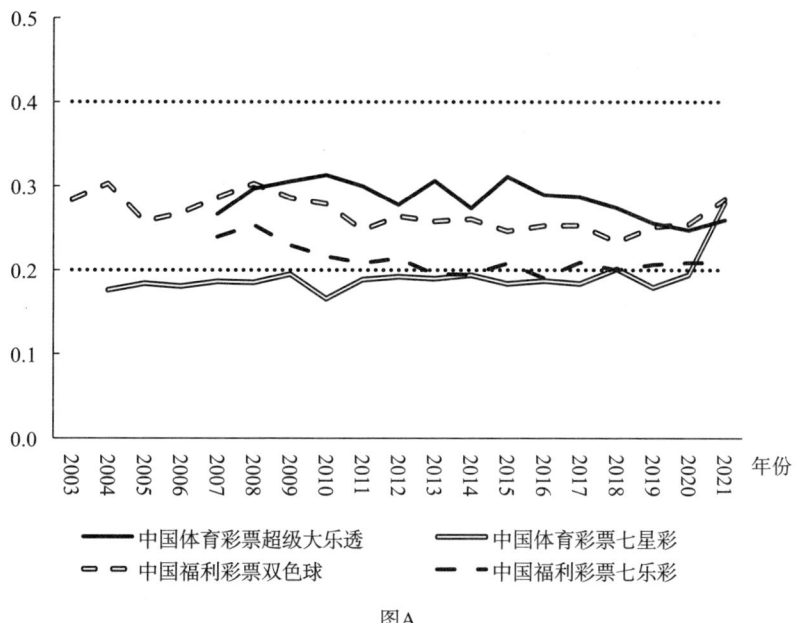

图A

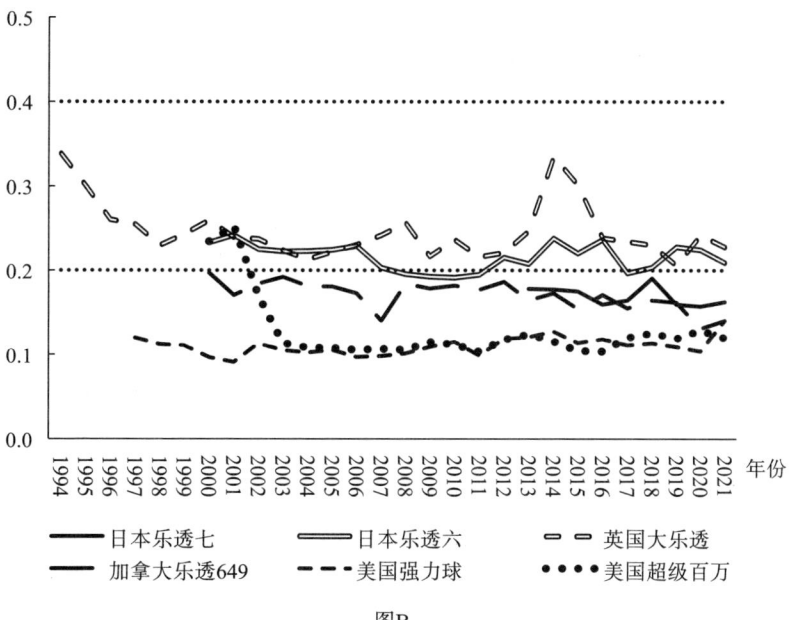

图B

图5-3 中外各支乐透型彩票年度综合程度指数情况

第四，图5-1和图5-2显示，中国体育彩票超级大乐透的年度偏离比例和年度偏离指数在2008年至2013年偏高，在2014年至2018年的偏低。下文7.1部分解释其原因。此外，日本乐透六的偏离比例和偏离指数在2005年异常高，下文3.3.1部分说明其原因。

5.2 数字型彩票

5.2.1 单期各综合指数情况

综合表5-3和表5-4可以得到如下结果：

第一，中外8支数字型彩票的单期综合偏离比例平均值都非常接近1，最小的中国体育彩票排列五为0.9720，最大的日本数字三为1.0233。这说明，从长期角度来看，各支数字型彩票各奖级总的实际中奖注数与理论中奖注数是一致的。

第二，各支数字型彩票的单期综合偏离比例和单期综合偏离指数波动都很大，其中单期综合偏离比例的最大值与最小值之差即极差都超过了3.5，最小的日本数字三为2.9775，最大的美国得克萨斯州选四为183.0890；单期综合偏离指数的极差也都超过1.5，最小的日本数字三为1.6761，最大的美国得克萨斯州选四为5.7633。这说明，各支数字型彩票在各投注期的实际中奖注数与理论中奖注数都差别巨大。

第三，各支数字型彩票的单期综合偏离比例中位数都小于1，最小的美国得克萨斯州选四为0.6255，最大的日本数字三为0.9773；同样，单期综合偏离指数中位数都小于0，最小的美国得克萨斯州选四为-0.2717，最大的日本数字三为-0.0206。这说明，各支数字型彩票的中奖情况并非对称分布，而是向左偏，即较多情况下是实际中奖注数较小于理论中奖注数，较少情况是实际中奖注数远高于理论中奖注数。

第四，各支数字彩票的单期综合程度指数的平均值都远大于0，最小的加拿大安大略省选三为0.1498，最大的中国体育彩票排列五为0.3927；甚至各支彩票单期综合程度指数的1/4分位数也都大于0，最小的加拿大安大略省选三为0.0603，最大的中国体育彩票排列五为0.2050。这说明，各支数字型彩票的购买者都存在明显的有意择号行为。

第5章 彩票购买者有意择号行为的程度

表 5-3 中国各支数字型彩票单期各综合指数情况

项目	发行机构	中国体育彩票		中国福利彩票
	彩种名称	排列五	排列三	3D
单期综合偏离比例	平均值	0.9720	0.9922	0.9959
	极差	15.5234	9.9379	10.5094
	最小值	0.0000	0.0392	0.1492
	1/4 位数	0.4517	0.6373	0.6509
	中位数	0.7322	0.8662	0.8775
	3/4 位数	1.1801	1.1976	1.1934
	最大值	15.5234	9.9771	10.6585
单期综合偏离指数	平均值	-0.0723	-0.0323	-0.0255
	极差	3.4150	2.9736	2.9820
	最小值	-0.6843	-0.6733	-0.6156
	1/4 位数	-0.4254	-0.3094	-0.2994
	中位数	-0.2247	-0.1255	-0.1155
	3/4 位数	0.1524	0.1803	0.1768
	最大值	2.7307	2.3002	2.3663
单期综合程度指数	平均值	0.3927	0.3003	0.2911
	极差	2.7307	2.3001	2.3663
	最小值	0.0000	0.0001	0.0000
	1/4 位数	0.2050	0.1443	0.1384
	中位数	0.3719	0.2716	0.2635
	3/4 位数	0.5068	0.4034	0.3923
	最大值	2.7307	2.3002	2.3663

表 5-4 外国各支数字型彩票单期各综合指数情况

项目	发行地区	日本		加拿大安大略省	美国得克萨斯州	
	彩种名称	数字四	数字三	选三	选四	选三
单期综合偏离比例	平均值	0.9975	1.0233	1.0005	0.9840	0.9917
	极差	5.0550	2.9775	18.1083	183.0890	20.7142
	最小值	0.4376	0.4233	0.4437	0.1077	0.0428
	1/4 位数	0.8101	0.8395	0.8375	0.4374	0.6092
	中位数	0.9338	0.9773	0.9634	0.6255	0.7974
	3/4 位数	1.0943	1.1580	1.1156	0.9848	1.0918
	最大值	5.4925	3.4008	18.5521	183.1968	20.7570

续表

项目	发行地区	日本		加拿大安大略省	美国得克萨斯州	
	彩种名称	数字四	数字三	选三	选四	选三
单期综合偏离指数	平均值	-0.0140	0.0143	-0.0048	-0.1154	-0.0641
	极差	2.1424	1.6761	3.2896	5.7633	3.7012
	最小值	-0.4410	-0.4543	-0.4323	-0.5999	-0.6692
	1/4 位数	-0.1700	-0.1467	-0.1441	-0.3981	-0.3277
	中位数	-0.0606	-0.0206	-0.0302	-0.2717	-0.1822
	3/4 位数	0.0873	0.1444	0.1035	-0.0041	0.0855
	最大值	1.7014	1.2218	2.8574	5.1634	3.0319
单期综合程度指数	平均值	0.1718	0.1692	0.1498	0.3611	0.3017
	极差	1.7014	1.2218	2.8574	5.1634	3.0319
	最小值	0.0000	0.0000	0.0000	0.0000	0.0000
	1/4 位数	0.0706	0.0722	0.0603	0.1969	0.1505
	中位数	0.1460	0.1460	0.1292	0.3386	0.2762
	3/4 位数	0.2277	0.2362	0.2112	0.4418	0.3826
	最大值	1.7014	1.2218	2.8574	5.1634	3.0319

5.2.2 年度各综合指数情况

综合综合图 5-4、图 5-5 和图 5-6，可以得到如下结果：

第一，排除发行首年销售期数较小因素的影响外，如图 5-4 所示，绝大多数数字型彩票绝大多数年份的年度综合偏离比例都在 0.9 至 1.1 之间。这也进一步验证了 5.2.1 的结果，即从长期角度，数字型各支彩票各奖级总的实际中奖注数与理论中奖注数是一致的。

第二，如图 5-6 所示，各支数字型彩票的年度综合程度指数都明显大于 0，最小值是加拿大安大略省选三其在 2003 年为 0.1343，最大值是中国体育彩票排列三其在 2005 年为 0.4168。这进一步说明，数字型彩票购买者都存在明显的有意择号行为。

第三，如图 5-6 所示，大部分数字型彩票的年度综合程度指数在历年都比较平稳，如中国体育彩票排列五一直在 0.4 左右，加拿大安大略省选三一直在 0.15 左右。还有一些数字型彩票在发行之初，年度综合程度指数较高，但会逐渐下降，基本上三五年以后就会保持稳定。例如，日本数字四在发行之初的 1999 年至 2004 年，基本都超过了 0.19，但 2005 年以后则稳定在 0.16 左右。这说明，数字型彩票购买者的有意择号行为基本是长期且稳定存在的。

第 5 章 彩票购买者有意择号行为的程度

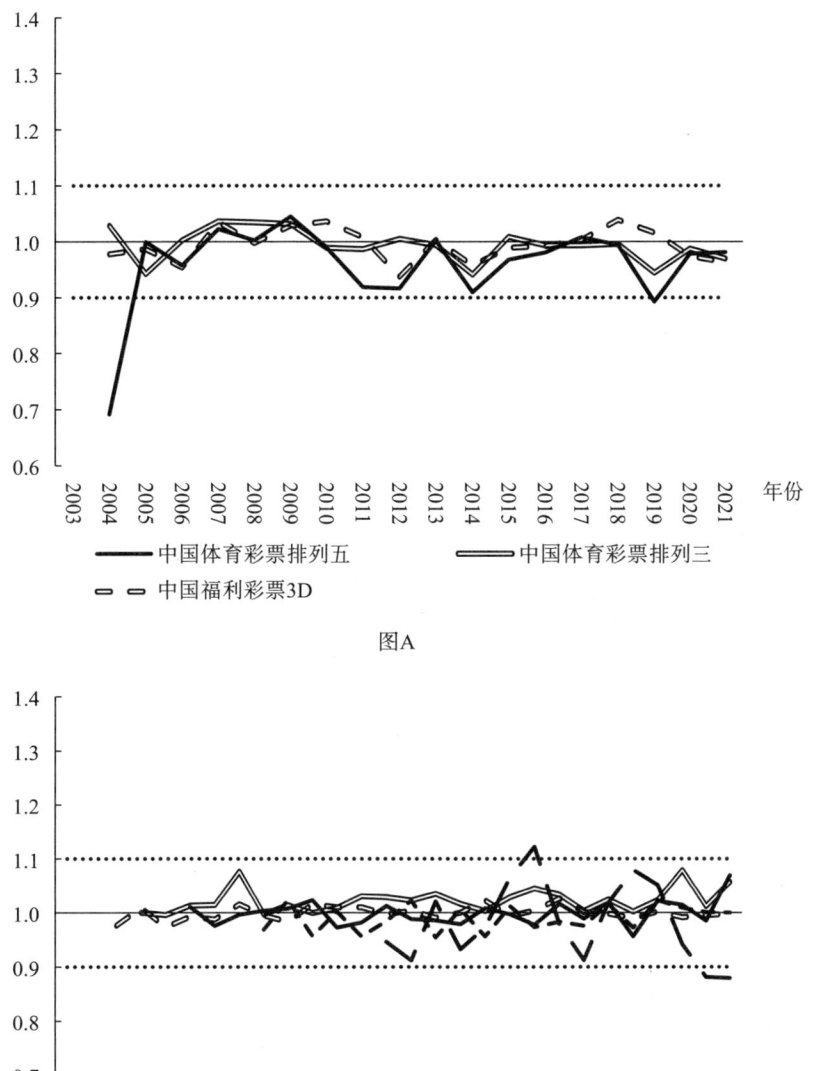

图A

图B

图 5-4 中外各支数字型彩票年度综合偏离比例情况

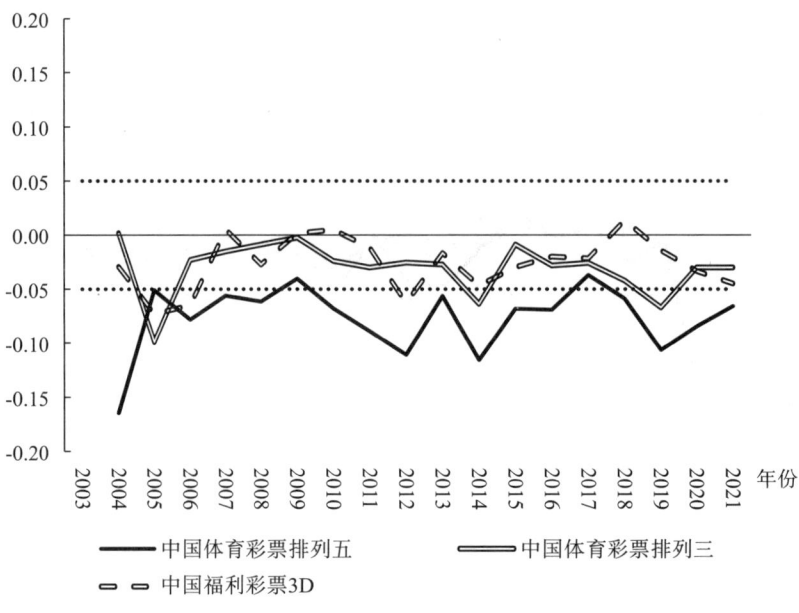

图A

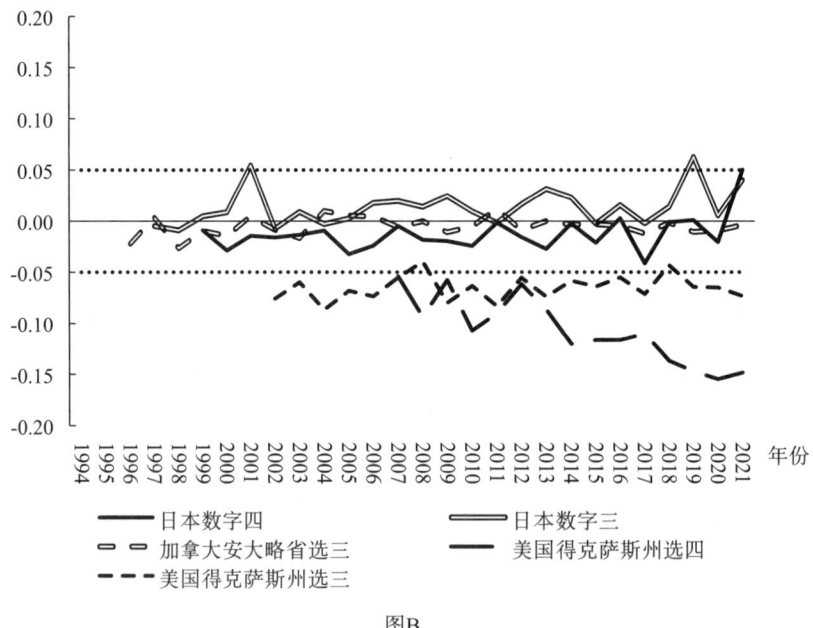

图B

图 5-5 中外各支数字型彩票年度综合偏离指数情况

第5章 彩票购买者有意择号行为的程度

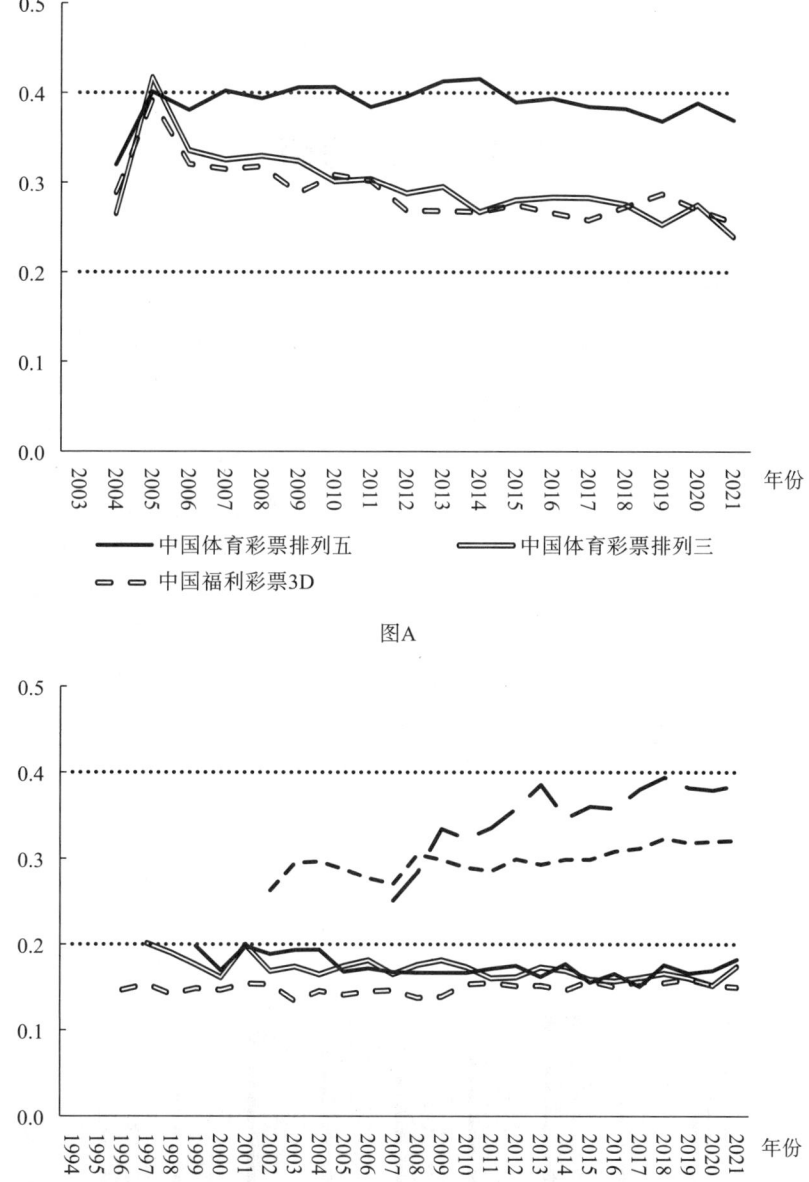

图A

图B

图5-6 中外各支数字型彩票年度综合程度指数情况

第四，美国得克萨斯州的选四和选三从 2013 年起，相对此前有较大提高，对于这些现象，我们将在下文 7.2.3 部分详细说明。

5.3 综合分析

5.3.1 跨彩种分析

本部分主要探讨近 5 年（2017 年至 2019 年 6 月）间的相关情况。

如图 5-7 和图 5-8 所示，中国各支彩票年度综合程度指数差别较大。中国体育彩票超级大乐透和福利彩票双色球都保持 0.25 左右，而中国体育彩票七星彩和中国福利彩票七乐彩都保持在 0.2 左右。中国三支数字型彩票历年指标都超过了 0.25，其中体育彩票排列五最大，体育彩票排列三与福利彩票 3D 基本相同。英国大乐透的历年年度综合程度指数基本都保持在 0.2 以上，且波动不大。日本两支乐透型彩票历年指标稍高，其中乐透六超过了 0.2；而两支数字型彩票则较小，历年都保持在 0.15 左右，数字四稍大于数字三。在加拿大，尽管玩法差别很大，但乐透型彩票乐透 649 和数字型彩票选三都保持在 0.15 左右。在美国，两支乐透型彩票强力球和超级百万都保持在 0.1 左右，得克萨斯州两只数字型彩票选四和选三历年都超过了 0.3，并且选四大于选三。

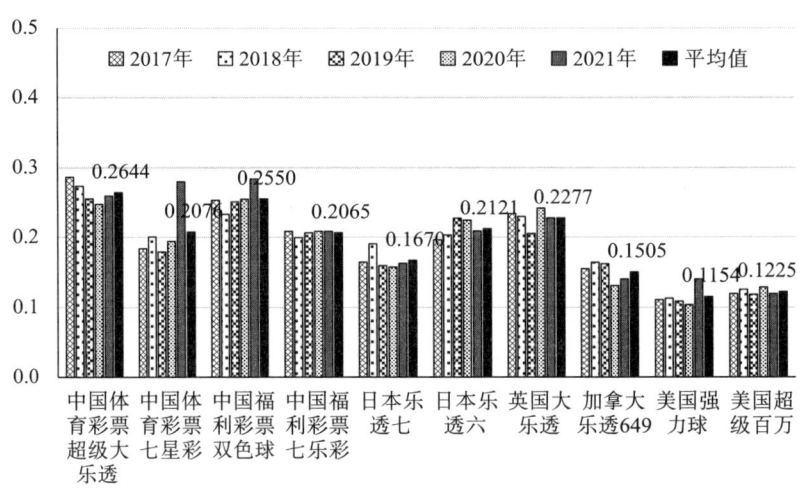

图 5-7　各支乐透型彩票 2017 年至 2021 年 6 月年度综合程度指数情况

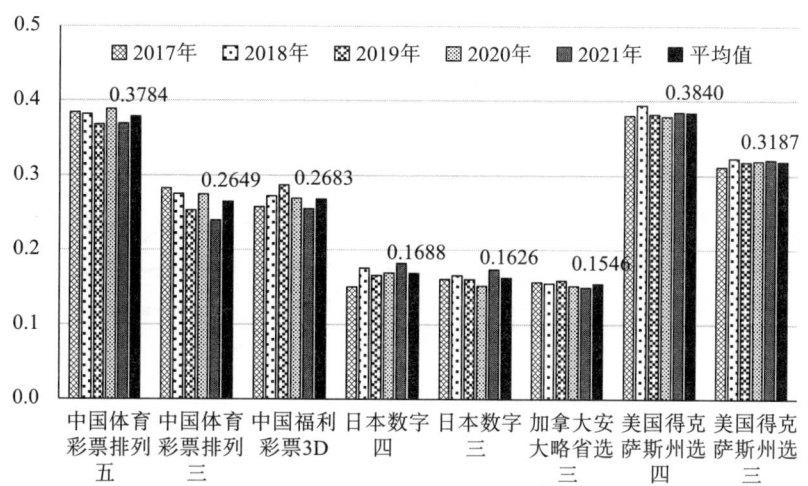

图 5-8　各支数字型彩票 2017 年至 2021 年 6 月年度综合程度指数情况

综合来看，同一国家在玩法上接近的不同彩票，综合程度指数基本保持一致。

5.3.2　跨类型分析

根据相关彩票历年销售规模以及当年 12 月 31 日（2021 年为 6 月 30 日）各国汇率，计算出各支彩票每年销量的美元值，进而计算出各类型彩票以销售加权的年度综合程度指数。第一，如图 5-9 所示，对于乐透型彩票的综合程度指数，中国体育彩票与福利彩票最大，日本次之，欧美三国最小，各国家间差别"较大"。第二，如图 5-10 所示，对于数字型彩票，同样是中国体育彩票最大，但欧美三国次之，中国福利彩票较小，日本最小，并且各国家间差别"很大"。第三，整体来看，数字型彩票的综合程度指数明显高于乐透型彩票。

5.3.3　跨国别分析

根据销量加权计算出某国所有彩票的历年年度综合程度指数，如图 5-11 所示，中国体育彩票和中国福利彩票最大，欧美次之，日本最小。总结上述各项结果，可以发现，尽管各国彩票购买者都存在明显的有意择号行为，但目前中国无论是体育彩票还是福利彩票，彩票购买者有意择号行为的程度最大，日本和加拿大最小。

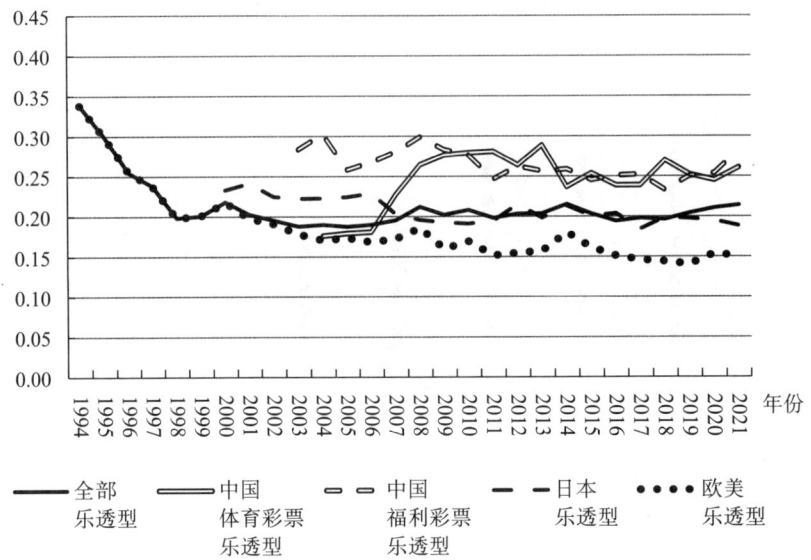

图 5-9　各个国家乐透型彩票历年年度综合程度指数情况

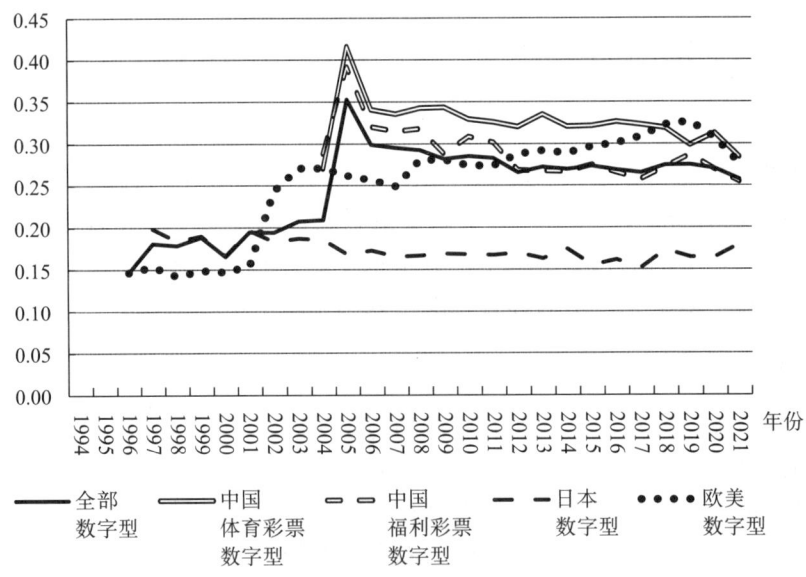

图 5-10　各个国家数字型彩票历年年度综合程度指数情况

第5章 彩票购买者有意择号行为的程度

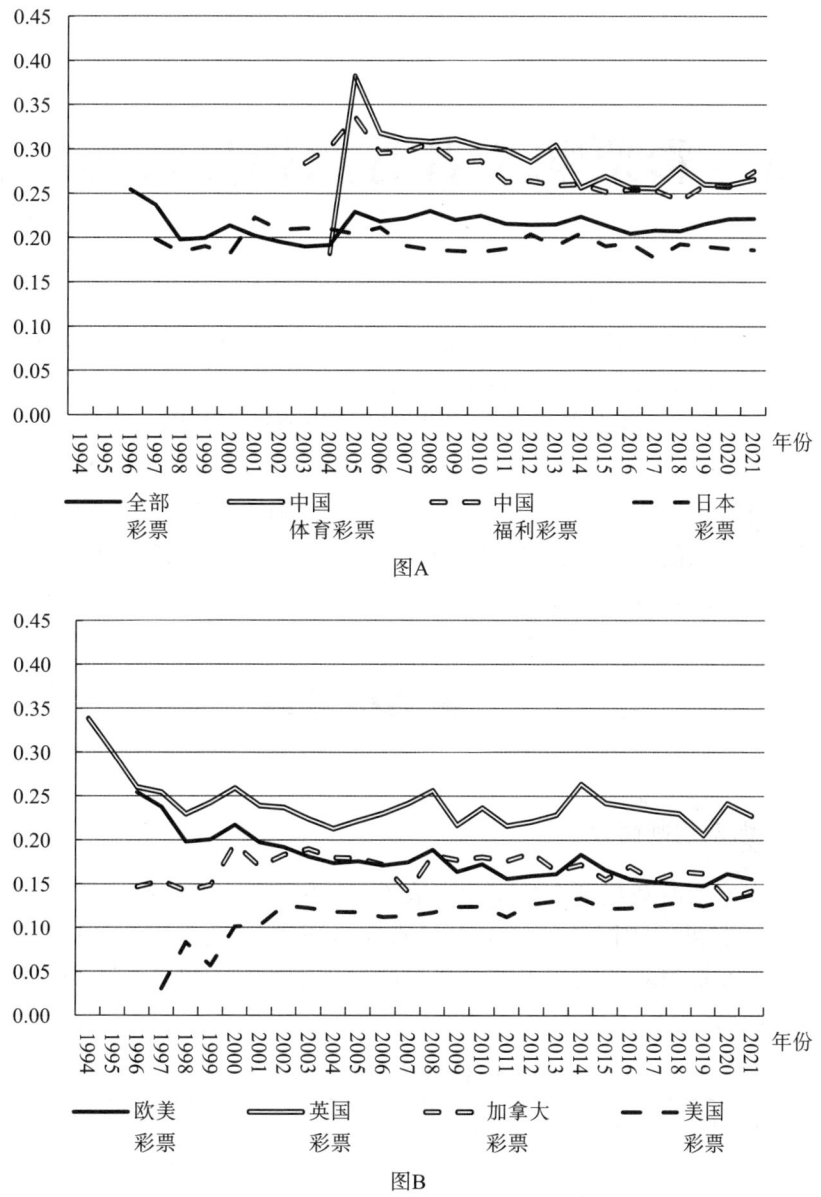

图 5-11 各国家彩票历年年度综合程度指数情况

第6章 彩票购买者有意择号行为的表现

本书第5章分析了各个国家彩票购买者的有意择号程度情况,本章进一步分析这些国家彩票购买者有意择号的表现形式。

如表5-1所示,各支彩票综合偏离指数的均值稍有差别。为统一口径比较,采取如下方法:设"T时期x条件综合偏离指数"$BI_{T,C}(x)$为T时期满足条件x的所有各期综合偏离指数的平均值,"T时期综合偏离指数"$BI_{T,C}$为T时期所有各期综合偏离指数的平均值,"T时期x条件标准综合偏离指数"$BI_{T,C}^{S}(x)$为两者之差,即$BI_{T,C}^{S}(x) = BI_{T,C}(x) - BI_{T,C}$。

6.1 乐透型彩票

6.1.1 游戏规则简介

部分样本彩票游戏规则有数变化,表6-1和表6-2显示的是2019年6月30日的情况。另外,中国体育彩票七星彩在号码选择方式上更类似于数字型彩票,因此本书在探讨彩票购买者有意择号的表现形式时,将其置于数字型彩票而不是乐透型彩票。

表6-1　　　　　　　　中国各乐透型彩票游戏规则简介

项目	发行机构	中国体育彩票		中国福利彩票	
	彩种名称	超级大乐透	七星彩	双色球	七乐彩
前区	全部号码数	1至35	7位0至9	1至33	1至30
	投注号码数	5	7	6	7
	中奖号码数	5	7	6	7+1
后区	全部号码数	1至12	无	1至16	无
	投注号码数	2	无	1	无
	中奖号码数	2	无	1	无

续表

项目	发行机构	中国体育彩票		中国福利彩票	
	彩种名称	超级大乐透	七星彩	双色球	七乐彩
奖级	数量	9	6	6	7
中奖概率倒数	头等奖级	21425712	10000000	17721088	2035800
	末等奖级	16.64	20.04	16.98	37.77
	综合情况	14.99	18.35	14.90	30.18

注：前区中奖号码加号后数字表示同时开出对应的特别号码的数量，表6-2亦然。

表6-2　　　　　　　　外国各乐透型彩票游戏规则简介

项目	发行地区	日本		英国	加拿大	美国	
	彩种名称	乐透七	乐透六	大乐透	乐透649	强力球	超级百万
前区	全部号码数	1至37	1至43	1至59	1至49	1至69	1至70
	投注号码数	7	6	6	6	5	5
	中奖号码数	7+2	6+1	6+1	6+1	5	5
后区	全部号码数	无	无	无	无	1至26	1至25
	投注号码数	无	无	无	无	1	1
	中奖号码数	无	无	无	无	1	1
奖级	数量	6	5	6	7	9	9
中奖概率倒数	头等奖级	10295472	6096454	45057474	13983816	292201338	302575350
	末等奖级	42.45	39.23	10.26	8.33	38.32	36.63
	综合情况	26.13	36.81	9.23	6.62	24.87	23.99

6.1.2　号码偏好

如表6-1和表6-2所示，中外各支乐透型彩票游戏规则各异，但相同之处是：彩票购买者在前区1至N的号码中选择M个号码；发行机构开出M个"基本号码"，有些机构也会再开出1或2个"特别号码"，这些号码共同构成了中奖号码。为保证口径一致，本书只考虑前区号码与偏离指数的关系。

（1）单个号码

本书计算了各支彩票所有有效期中奖号码含有某个数字的标准综合偏离指数，如图6-1所示，除了中国体育彩票超级大乐透以外，尽管程度稍有差别，但其他8支彩票都表现出同一现象，各号码的标准综合偏离指数呈明显的分区间下降趋势，其中1至12区间最大，13至31区间次之，32至75区间最小。

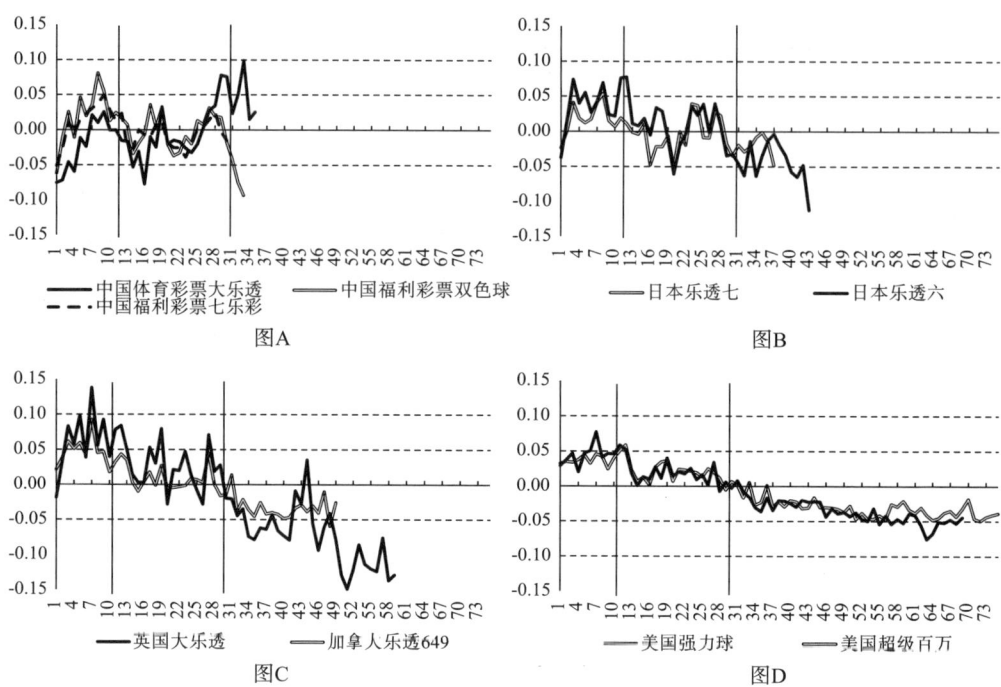

图6-1 各支乐透型彩票所有有效期中奖号码含有某个数字的标准综合偏离指数

我们将号码分为 [1, 12]、[13, 31] 和 [31, 75] 3个区间, 计算当各区间内所有号码的标准综合偏离指数的均值, 如图6-2所示, 这一现象更为明显。

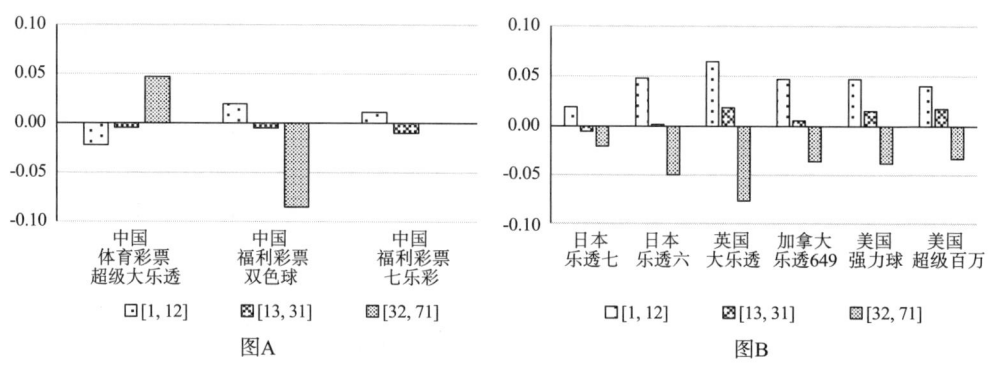

图6-2 各支乐透型彩票所有有效期各区间中奖号码的标准综合偏离指数

规定标准综合偏离指数小的号码为"冷号码", 即彩票购买者讨厌选择的号码; 规定标准综合偏离指数大的号码为"热号码", 即彩票购买者喜欢选择的号码。如表6-3和表6-4所示, 除超级大乐透以外, 其他中外彩票购买者都喜欢选择偏小的号码, 而讨厌选择较大的号码, 但从程度来看, 即从表6-3和表6-

4 各区间冷热号码的数量上来看，外国彩票购买者这一习惯更为强烈，即喜欢选择较小的号码，而讨厌选择较大的号码。

表6-3　　　　　　　　　中国各支乐透型彩票冷热号码

项目	发行机构	中国体育彩票	中国福利彩票	
	彩种名称	七星彩	双色球	七乐彩
冷号码	最冷5号	16，1，2，4，14	33，32，1，31，21	1，23，13，2，14
	次冷5号	3，24，15，23，18	14，22，20，24，15	22，21，24，20，30
	>12数	1	7	7
	>31数	0	2	0
	>1/2最大号码数	3	7	6
	>3/4最大号码数	0	3	3
热号码	最热5号	33，29，30，32，28	8，9，5，17，7	9，8，7，10，28
	次热5号	19，27，9，35，31	19，27，3，11，6	12，6，5，27，19
	<=12数	1	7	7
	<=31数	7	10	10
	<=1/2最大号码数	1	7	7
	<=1/4最大号码数	0	5	3

表6-4　　　　　　　　　外国各支乐透型彩票冷热号码

项目	发行地区	日本		英国	加拿大	美国	
	彩种名称	乐透七	乐透六	大乐透	乐透649	强力球	超级百万
冷号码	最冷5号	20，37，16，30，32	43，34，41，40，32	51，58，50，59，56	48，40，41，35，39	63，64，62，55，57	72，64，56，51，54
	次冷5号	33，1，17，18，31	20，42，31，1，35	52，55，54，46，53	37，46，38，44，32	68，59，66，65，53	53，71，65，73，68
	>12数	6	7	8	9	9	8
	>31数	3	7	10	10	10	10
	>1/2最大号码数	6	8	10	10	10	10
	>3/4最大号码数	5	6	10	8	10	6

续表

项目	发行地区	日本		英国	加拿大	美国	
	彩种名称	乐透七	乐透六	大乐透	乐透649	强力球	超级百万
热号码	最热5号	8, 7, 3, 23, 24	12, 11, 3, 8, 5	7, 5, 9, 12, 3	7, 3, 5, 4, 9	7, 11, 12, 6, 5	12, 11, 7, 5, 8
	次热5号	27, 28, 11, 6, 4	4, 7, 27, 25, 23	19, 11, 27, 4, 8	8, 27, 12, 6, 2	3, 9, 10, 8, 19	10, 4, 19, 2, 18
	<=12 数	6	7	8	9	9	8
	<=31 数	10	10	10	10	10	10
	<=1/2 最大号码数	6	7	10	9	10	10
	<=1/4 最大号码数	5	5	8	9	9	9

本书计算出各号码冷热程度在各1/3分位区间时的标准综合偏离指数。如图6-3所示,各支乐透型彩票的冷热号码的各区间标准综合偏离指数差别明显。

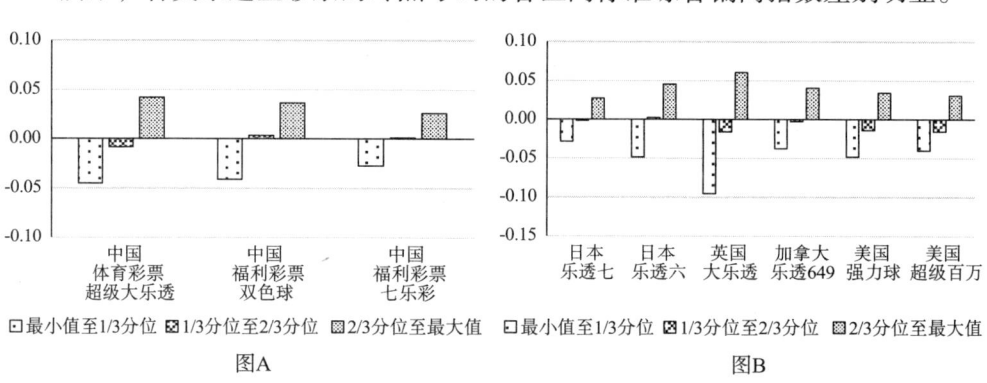

图6-3 各乐透型彩票所有有效期各1/3分位区间冷热号码的标准综合偏离指数

(2) 号码组合

规定第 t 期实际加总数 S_t^R 为当期各中奖号码之和的实际值,理论加总数 S_t^T 为其期望值,加总比 SR_t 为两者之比,即 $SR_t = \dfrac{S_t^R}{S_t^T}$。

考察加总比落在各1/3分位区间时的标准综合偏离指数。如图6-4所示,对于中国体育彩票超级大乐透而言,中奖号码加总比越大,标准综合偏离指数越大;而其他8支彩票,中奖号码加总比越小,标准综合偏离指数越大。

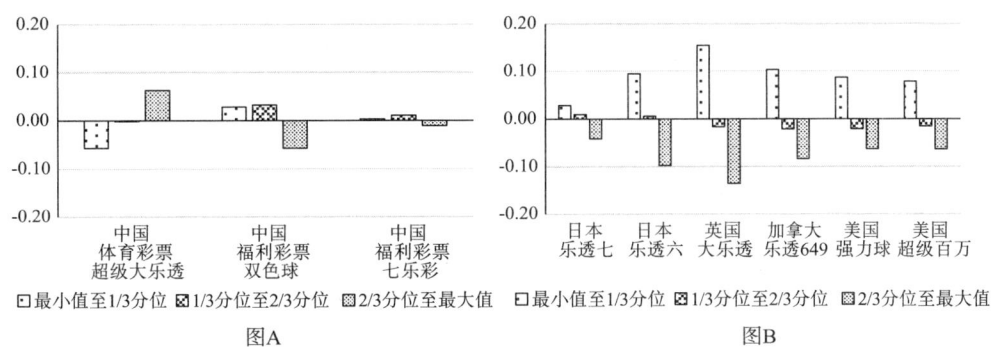

图6-4　各乐透型彩票所有有效期各1/3分位区间加总比的标准综合偏离指数

设第 t 期实际月号数 M_t^R 为当期各中奖号码小于或等于12的实际值,理论月号数 M_t^T 为其期望值,月号比 MR_t 为两者之比,即 $RM_t = \dfrac{M_t^R}{M_t^T}$。

考察月号比落在各1/3分位区间时的标准综合偏离指数,如图6-5所示,除了中国体育彩票超级大乐透之外,月号比越大,标准综合偏离指数越大。

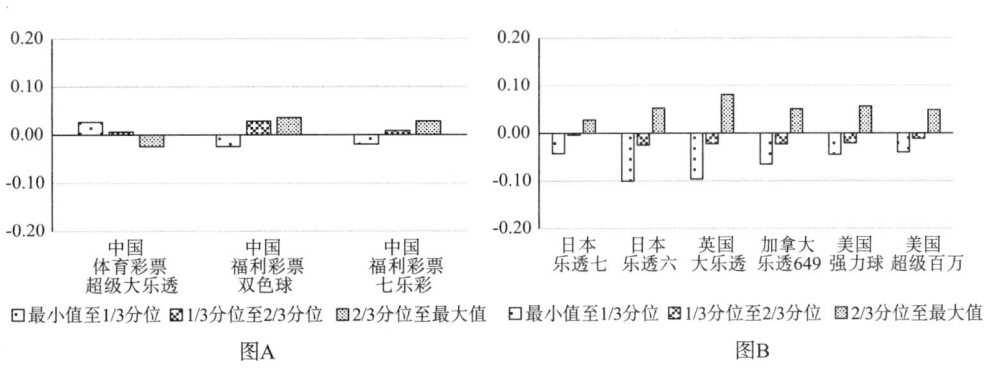

图6-5　各乐透型彩票所有有效期各1/3分位区间月号比的标准综合偏离指数

设第 t 期实际日号数 D_t^R 为当期各中奖号码小于或等于31的实际值,理论日号数 D_t^T 为其期望值,日号比 DR_t 为两者之比,即 $DR_t = \dfrac{D_t^R}{D_t^T}$。

考察日号比落在各1/3分位区间时的标准综合偏离指数。如图6-6所示,除了中国体育彩票超级大乐透之外,日号越大,标准综合偏离指数越大。

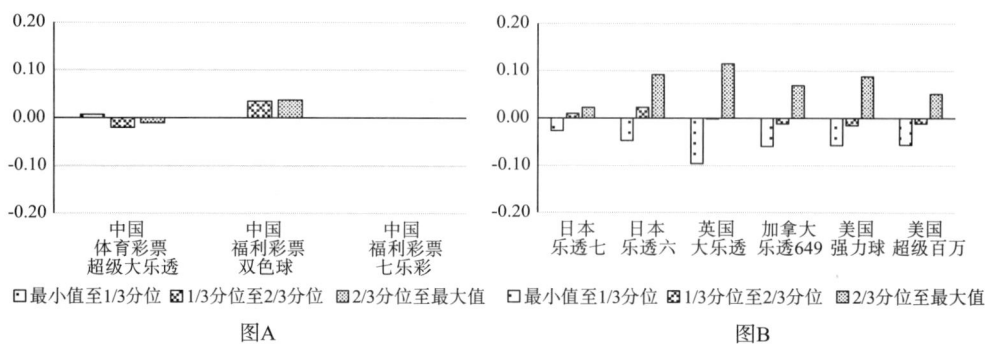

图A   图B

图 6-6 各乐透型彩票所有有效期各 1/3 分位区间日号比的标准综合偏离指数

注：中国福利彩票七乐彩前期号码最大为 30，因此日号固定为 1。

6.1.3 错误预测

(1) 短期视角

规定前第 y 期实际重复数 $R_{t,y}^R$ 为第 t 期中奖号码与前第 y 期中奖号码重复数量的实际值，理论重复数 $R_{t,y}^T$ 为其期望值，重复比 $RR_{t,y}$ 为两者之比，即 $RR_t = \dfrac{R_{t,y}^R}{R_{t,y}^T}$。

如图 6-7 以及其他随后各图所示，对于中国 3 支彩票而言，重复比越小，标准综合偏离指数越大；对于日本 2 支彩票和欧美 3 支彩票而言，没有相对明显的关系。

另外，图 6-7 以及其他随后各图还显示，对于中国各支彩票，间隔期加长，上述现象会消退，如前第 1 期最强烈，前第 2 期次之，到了前第 3 期则已经不明显，到前第 4 期或第 5 期，则已基本消失。

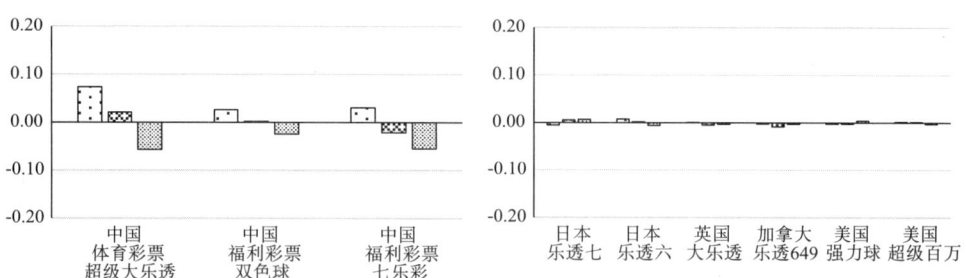

图A   图B

图 6-7 各乐透型彩票所有有效期各 1/3 分位区间前第 1 期重复比的标准综合偏离指数

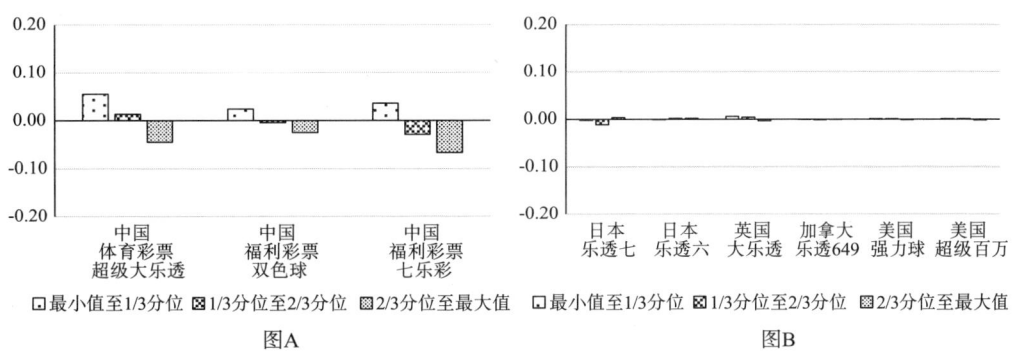

图 6-8　各乐透型彩票所有有效期各 1/3 分位区间前第 2 期重复比的标准综合偏离指数

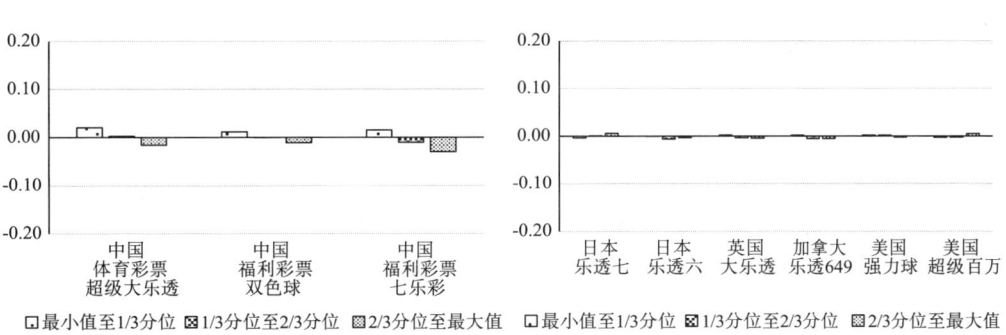

图 6-9　各乐透型彩票所有有效期各 1/3 分位区间前第 3 期重复比的标准综合偏离指数

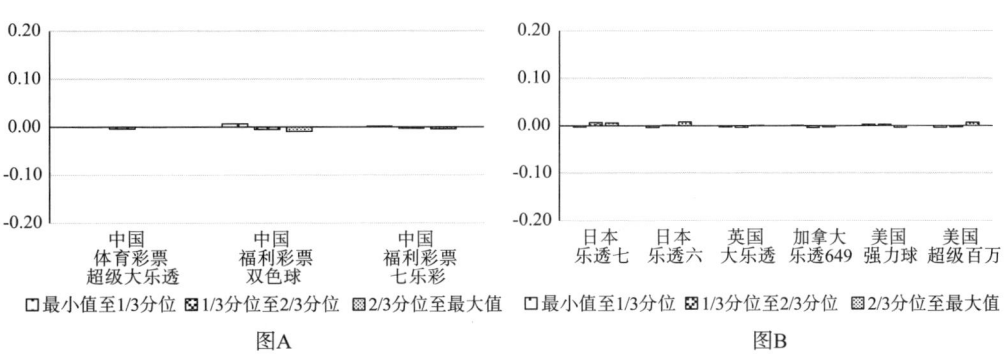

图 6-10　各乐透型彩票所有有效期各 1/3 分位区间前第 4 期重复比的标准综合偏离指数

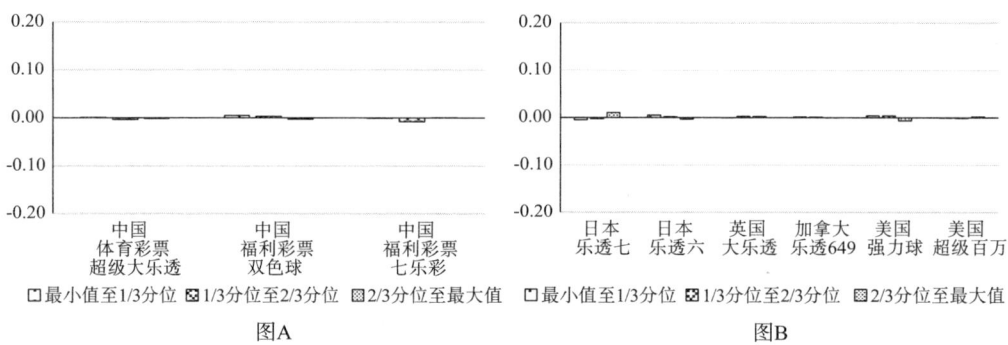

图 6-11　各乐透型彩票所有有效期各 1/3 分位区间前第 5 期重复比的标准综合偏离指数

（2）长期视角

规定第 t 期第 j 个中奖号码的实际间隔期（Real Interval Draws）$IN_{t,j}^R$ 为这个中奖号码此前最近一期作为中奖号码的期数与当期的间隔期数的实际值，理论间隔期（Theoretical Interval Draws）$IN_{t,j}^T$ 为其期望值，间隔比（Ratio of Interval）$INR_{t,j}$ 为两者之比，即 $INR_{t,j} = \dfrac{IN_{t,j}^R}{IN_{t,j}^T}$。最大（Maximum）间隔比 $RIN_{t,\max}$ 为当期各个中奖号码间隔比的最大值，次大（Second Large）间隔比 $RIN_{t,sel}$ 为第二大值，次小（Second Small）间隔比 $RIN_{t,ses}$ 为第二小值，最小（Minimum）间隔比 $RIN_{t,\min}$ 为第小值。如图 6-12 至图 6-15 所示，对于 3 支中国彩票而言，各类间隔比越大，标准综合偏离指数越大；日本两支彩票也表现出类似情况，但程度弱于中国；对于欧美 3 支彩票而言，间隔比与标准综合偏离指数没有相对明显的关系。

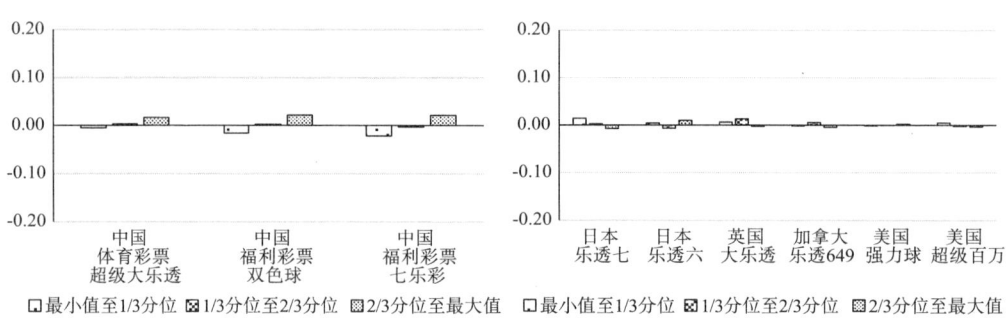

图 6-12　各乐透型彩票所有有效期各 1/3 分位区间最大间隔比的标准综合偏离指数

第 6 章 彩票购买者有意择号行为的表现

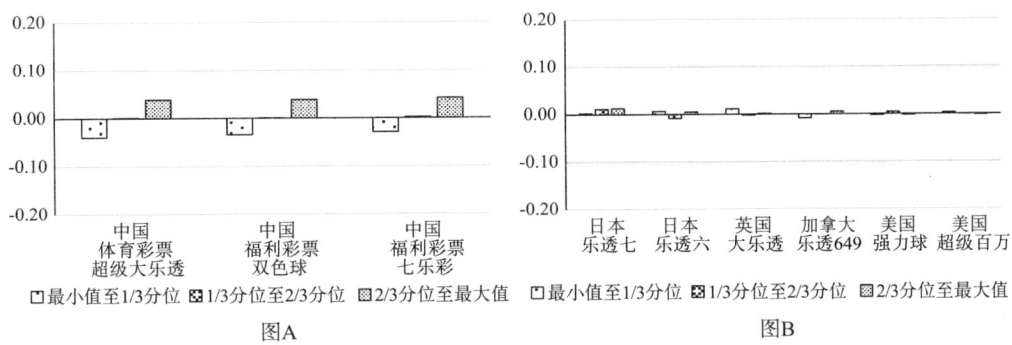

图 6-13 各乐透型彩票所有有效期各 1/3 分位区间次大间隔比的标准综合偏离指数

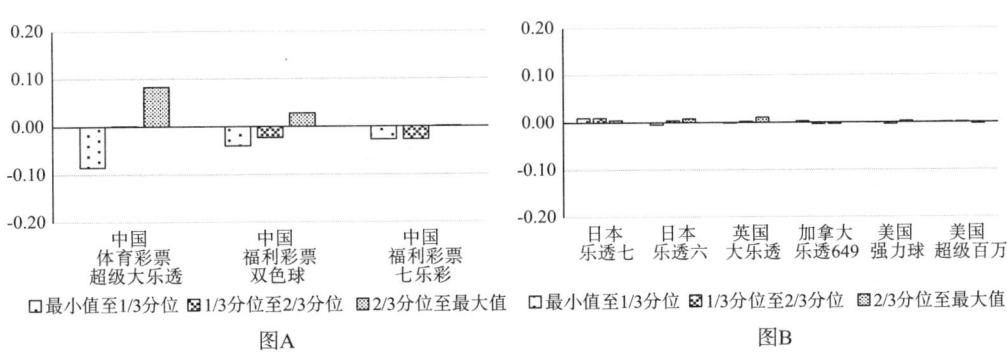

图 6-14 各乐透型彩票所有有效期各 1/3 分位区间次小间隔比的标准综合偏离指数

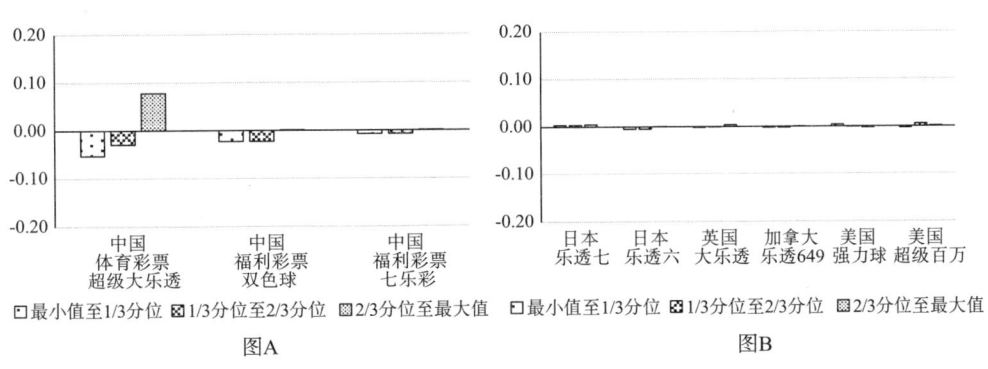

图 6-15 各乐透型彩票所有有效期各 1/3 分位区间最小间隔比的标准综合偏离指数

6.2 数字型彩票

6.2.1 游戏规则简介

如表 6-5 和表 6-6 所示,中外各支数字型彩票游戏规则的不同之处在于选择号码的位数不同,相同之处在于每个位次的号码都是从 0 至 9 共 10 个号码。本书考察各位次号码与偏离指数的关系。

表 6-5　　　　　　　中国各数字型彩票游戏规则简介

项目		发行机构	中国体育彩票		中国福利彩票
		彩种名称	排列五	排列三	3D
号码		位数	5 位	3 位	3 位
玩法		数量	1	3	3
中奖概率倒数		头等玩法	100000	1000	1000
		末等玩法	无	166.67	166.67
		综合情况	100000	100.00	100.00

表 6-6　　　　　　　外国各数字型彩票游戏规则简介

项目		发行地区	日本		加拿大安大略省	美国得克萨斯州	
		彩种名称	数字四	数字三	选三	选四	选三
号码		位数	4 位	3 位	3 位	4 位	3 位
玩法		数量	5	9	3	5	3
中奖概率倒数		头等玩法	10000	1000	1000	10000	1000
		末等玩法	416.67	83.33	166.67	416.67	166.67
		综合情况	212.77	24.26	100.00	212.77	100.00

6.2.2 号码偏好

(1) 单个号码

如图 6-16 和图 6-17 所示,对于各支数字型彩票而言,各个位次的不同号码,其标准综合偏离指数差别很大。

第 6 章 彩票购买者有意择号行为的表现

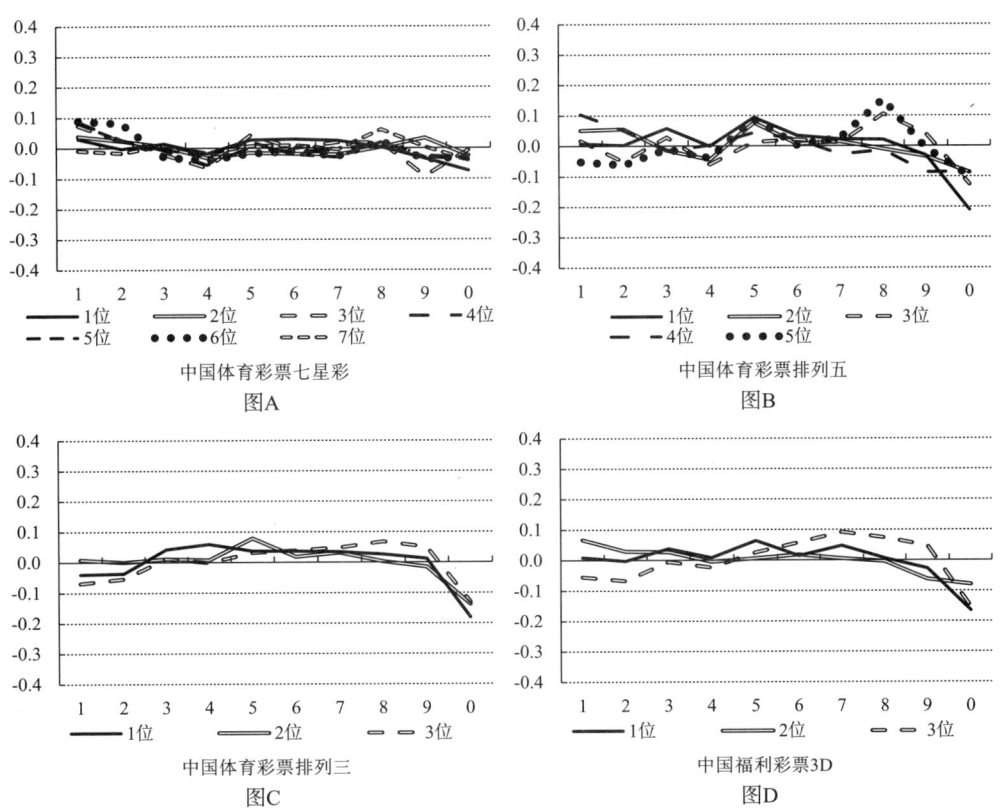

图 6-16 中国各支数字型彩票所有有效期各位次中号码含有某个数字的标准综合偏离指数

中国体育彩票七星彩的第 3 位至第 5 位以及中国体育彩票排列五的第 3 位,也就是这 2 支彩票的中间位次,各号码差别相对较小。因此着重考察前两位和后两位的情况。对于三位数的数字型彩票而言,将第 2 位次规定为后 2 位次,而不是前 2 位次。

如表 6-7 所示,对于中国各支彩票,各位次冷号码都包括 0,而后 1 位数还包括 1 和 2;各位次热号码有所差别,但后 1 位次都包括 6、8 和 9 这些中华文化吉祥数字。

如表 6-8 所示,同一国家不同彩票的各位次冷热号码非常接近。例如日本数字三和数字四,各位次冷号码都有 4,各位次热号码几乎都有 1 和 2。美国得克萨斯州选四和选三,各位次冷号码都有 8,各位次热号码都有 1 和 2,并且 1 都是这两支彩票各位次最热号码。

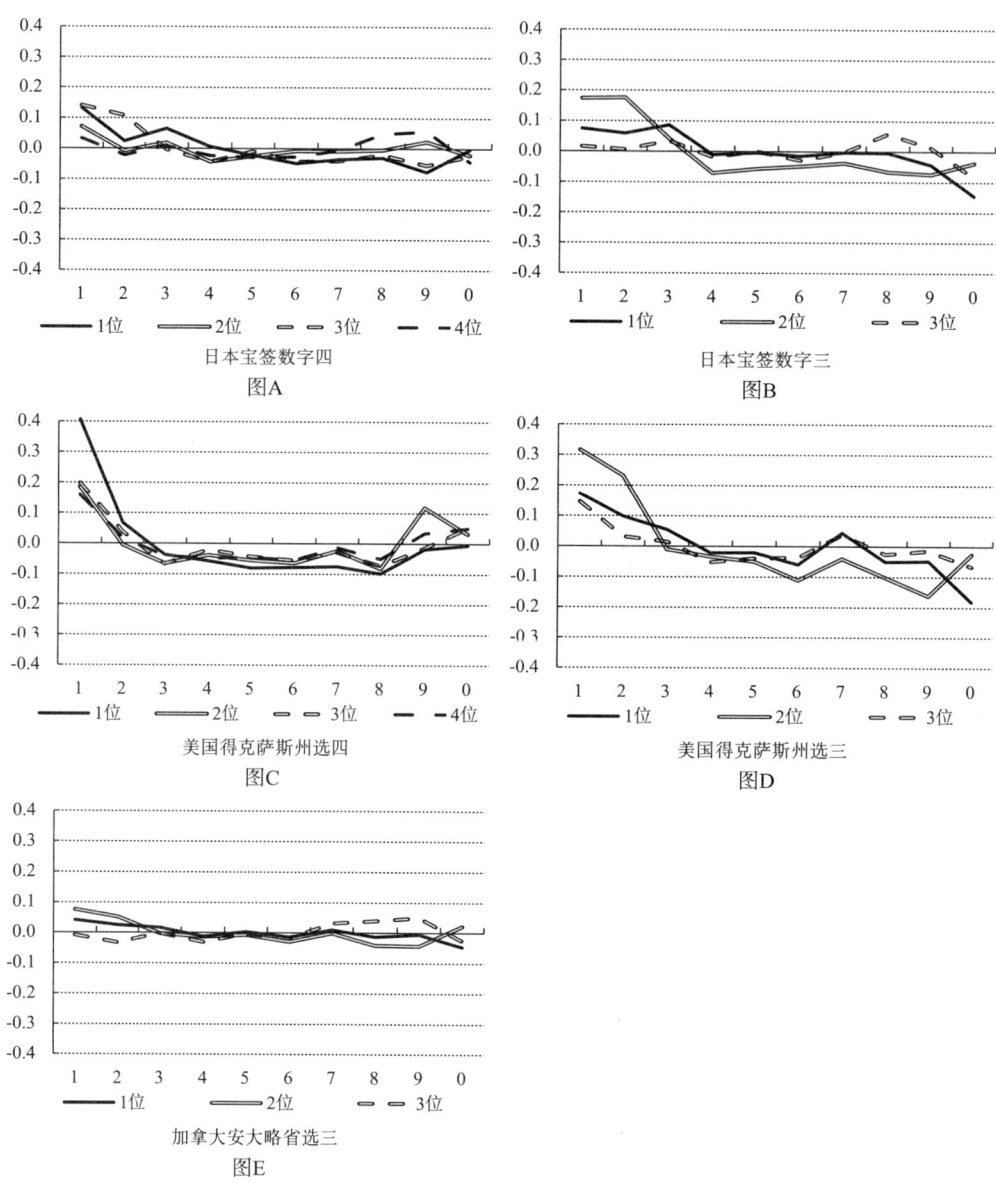

图6-17 外国各支数字型彩票所有有效期各位次中号码含有某个数字的
标准综合偏离指数

本书计算出各号码冷热程度在各1/3分位区间时的标准综合偏离指数,再求出各位次综合偏离指数的均值,如图6-18所示,各支数字型彩票的冷热号码的各区间各位次标准综合偏离指数的均值差别明显。

第6章 彩票购买者有意择号行为的表现

表6-7　　　　　　　　中国数字型彩票各位次冷热号码

项目	发行机构	中国体育彩票			中国福利彩票
	彩种名称	七星彩	排列五	排列三	3D
冷号码	前1位次	0,9,4,2,8	0,9,4,2,1	0,1,2,9,8	0,9,2,8,4
	前2位次	4,0,7,6,5	0,4,9,3,8	无	无
	后2位次	4,9,3,0,7	9,0,7,3,8	0,9,2,8,4	0,9,4,8,7
	后1位次	0,2,4,1,7	2,1,4,3	0,1,2,4,3	0,2,1,4,3
热号码	前1位次	1,6,5,7,3	5,3,6,7,8	4,3,5,6,7	5,7,3,6,1
	前2位次	1,9,2,3,8	5,2,1,7,6	无	无
	后2位次	1,2,8,6,5	1,2,5,6,4	5,7,6,3,1	1,2,3,6,5
	后1位次	8,6,3,5,9	8,5,7,6,9	8,9,7,6,5	7,8,6,9,5

注：各数字按冷热程度排序。

表6-8　　　　　　　　外国数字型彩票各位次冷热号码

项目	发行地区	日本		加拿大安大略省	美国得克萨斯州	
	彩种名称	数字四	数字三	选三	选四	选三
冷号码	前1位次	9,6,7,8,5	0,9,6,4,8	0,6,8,4,9	8,5,6,7,4	0,6,8,9,4
	前2位次	4,5,0,7,6	无	无	8,3,6,5,4	无
	后2位次	9,4,6,7,0	9,4,8,5,6	9,8,6,4,5	8,3,6,5,7	9,6,8,5,7
	后1位次	0,5,6,4,2	0,6,4,7,5	2,4,0,6,1	6,8,4,5,3	0,4,5,6,8
热号码	前1位次	1,3,2,4,0	3,1,2,7,5	1,2,3,7,5	1,2,0,9,3	1,2,3,7,5
	前2位次	1,9,3,8,2	无	无	1,9,0,2,7	无
	后2位次	1,2,3,5,8	2,1,3,7,0	1,2,0,7,3	1,0,2,9,4	1,2,3,0,4
	后1位次	9,8,1,3,7	8,3,1,9,2	9,8,7,3,5	1,0,9,2,7	1,7,2,3,9

注：各数字按冷热程度排序。

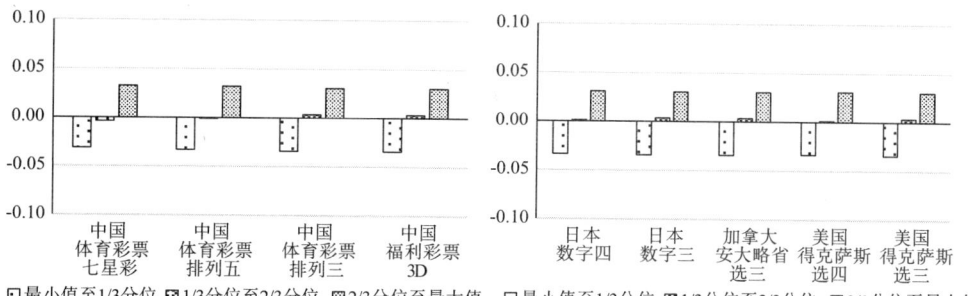

图A　　　　　　　　　　　　　　　图B

图6-18　各数字型彩票所有有效期各1/3分位区间冷热号码各位次的标准综合偏离指数均值

(2) 号码组合

设第 t 期实际加总数 S_t^R 为当期各位次中奖号码之和的实际值，理论加总数 S_t^T 为其期望值，加总比 SR_t 为两者之比，即 $SR_t = \dfrac{S_t^R}{S_t^T}$。

考察加总比落在各 1/3 分位区间时的标准综合偏离指数。如图 6-19 所示，对于中国各支彩票而言，中奖号码加总比与标准综合偏离指数呈倒 U 型关系；对于外国各支彩票而言，中奖号码加总比越小，标准综合偏离指数越大。

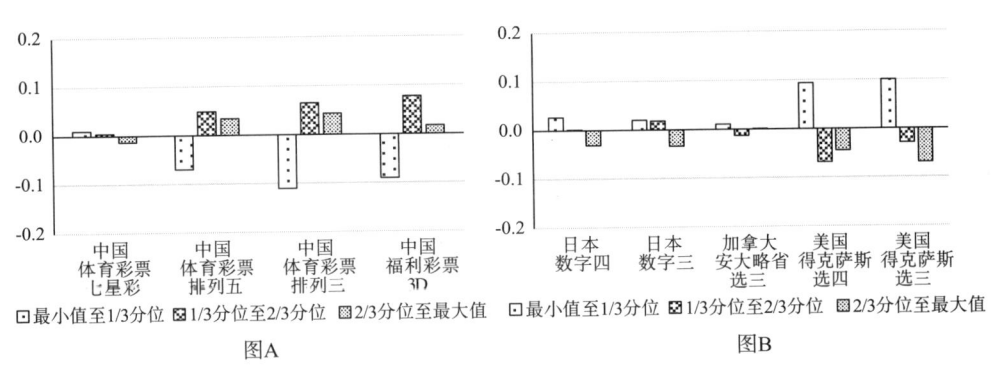

图 6-19　各数字型彩票所有有效期各 1/3 分位区间加总比的标准综合偏离指数

6.2.3　错误预测

（1）短期视角

规定前第 y 期实际重复数 $R_{t,y}^R$ 为第 t 期各位次中奖号码与前第 y 期同位次中奖号码重复数量加总的实际值，理论重复数 $R_{t,y}^T$ 为其期望值，重复比 $RR_{t,y}$ 为两者之比，即 $RR_t = \dfrac{R_{t,y}^R}{R_{t,y}^T}$。

如图 6-20 至图 6-26 所示，对于中国 3 支彩票而言，重复比越小，标准综合偏离指数越大；对于日本 2 支彩票和欧美 3 支彩票而言，没有相对明显的关系。

另外，即使对于中国各支彩票而言，间隔期加长，上述现象也会消退，如前第 1 期最强烈，前第 2 或第 3 期次之，到了前第 4 期或第 5 期则已经不明显，到前第 6 期或第 7 期，则已基本消失。

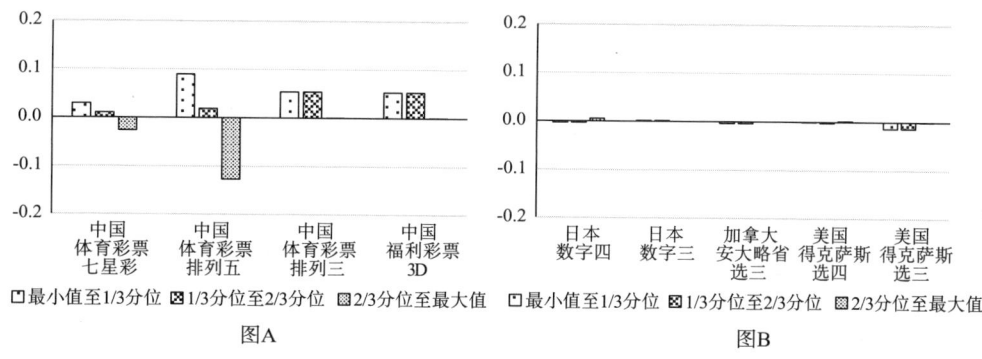

图 6-20 各数字型彩票所有有效期各 1/3 分位区间前第 1 期重复比的标准综合偏离指数

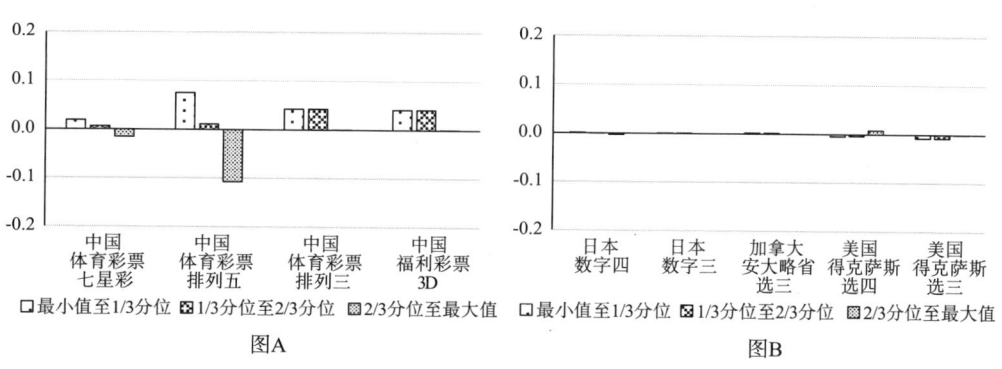

图 6-21 各数字型彩票所有有效期各 1/3 分位区间前第 2 期重复比的标准综合偏离指数

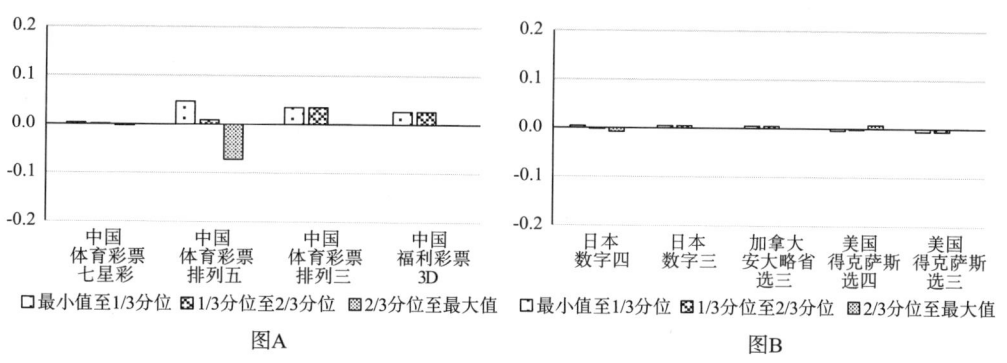

图 6-22 各数字型彩票所有有效期各 1/3 分位区间前第 3 期重复比的标准综合偏离指数

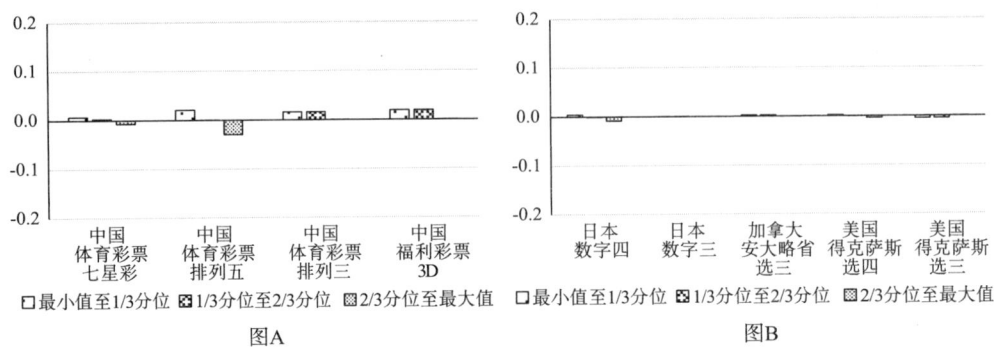

图 6-23 各数字型彩票所有有效期各 1/3 分位区间前第 4 期重复比的标准综合偏离指数

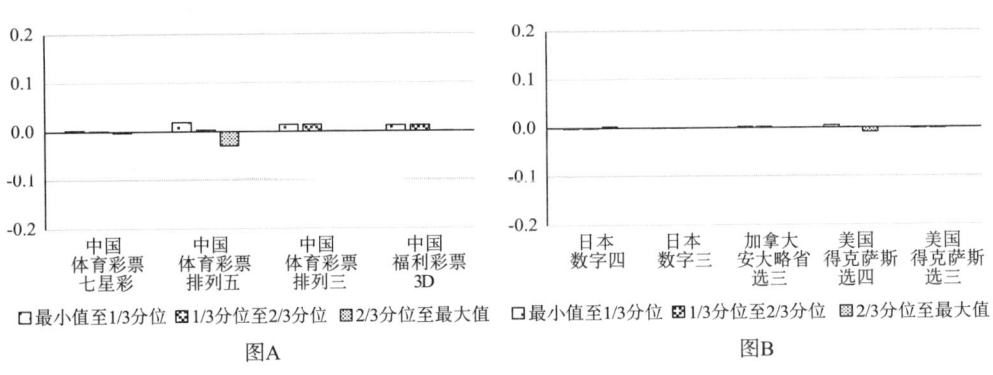

图 6-24 各数字型彩票所有有效期各 1/3 分位区间前第 5 期重复比的标准综合偏离指数

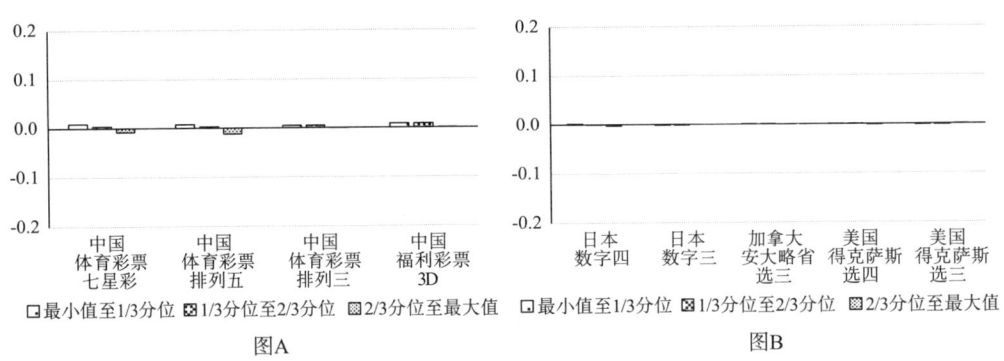

图 6-25 各数字型彩票所有有效期各 1/3 分位区间前第 6 期重复比的标准综合偏离指数

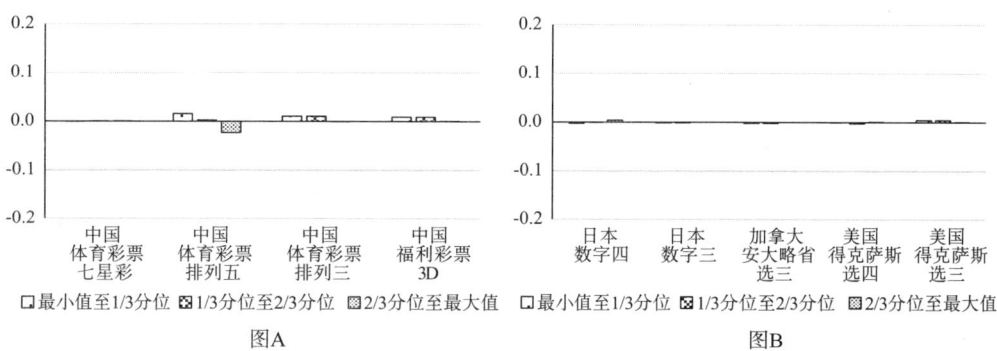

图 6-26　各数字型彩票所有有效期各 1/3 分位区间前第 7 期重复比的标准综合偏离指数

（2）长期视角

规定第 t 期第 j 位次中奖号码的实际间隔期（Real Interval Draws）$IN_{t,j}^R$ 为这个中奖号码此前在同一位次最近一期作为中奖号码的期数与当期间隔期数的实际值，理论间隔期（Theoretical Interval Draws）$IN_{t,j}^T$ 为其期望值，间隔比（Ratio of Interval）$INR_{t,j}$ 为两者之比，即 $INR_{t,j} = \dfrac{IN_{t,j}^R}{IN_{t,j}^T}$。最大间隔比 $RIN_{t,\max}$ 为当期各个位次中奖号码间隔比的最大值，次大间隔比 $RIN_{t,sel}$ 为第二大值，最小间隔比 $RIN_{t,\min}$ 为第小值。

如图 6-27 至图 6-30 所示，除了中国体育彩票七星彩票以外，其他 3 支中国彩票，各个间隔比越大，标准综合偏离指数越大；而中国体育彩票七星彩以及其他 5 支外国彩票，间隔比与标准综合偏离指数没有相对明显的关系。

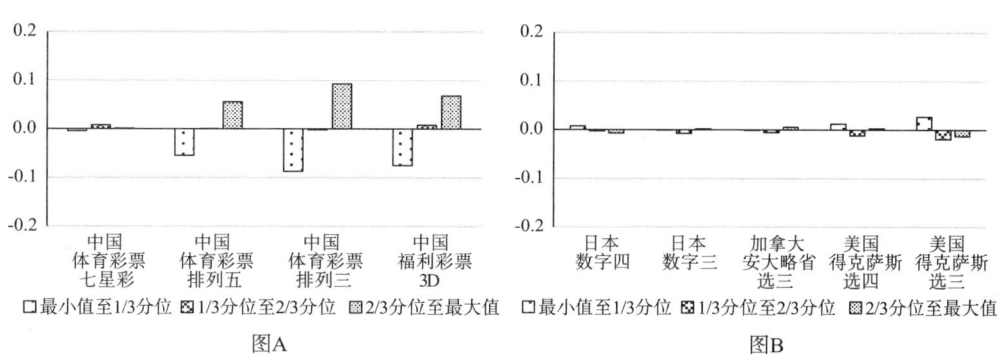

图 6-27　各数字型彩票所有有效期各 1/3 分位区间最大间隔比的标准综合偏离指数

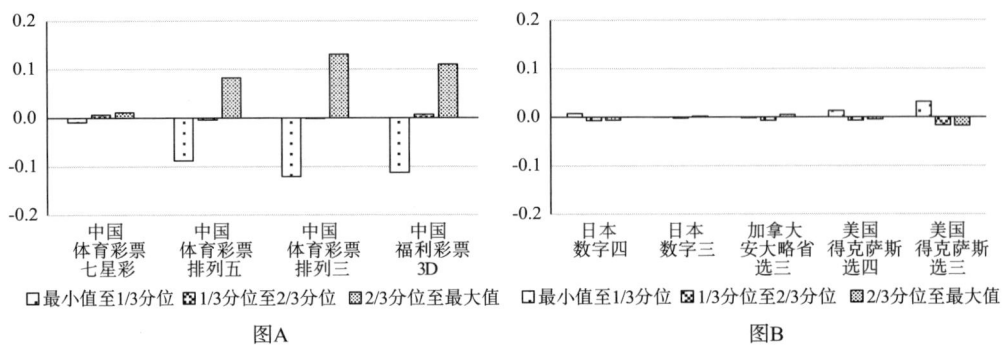

图6-28　各数字型彩票所有有效期各1/3分位区间次大间隔比的标准综合偏离指数

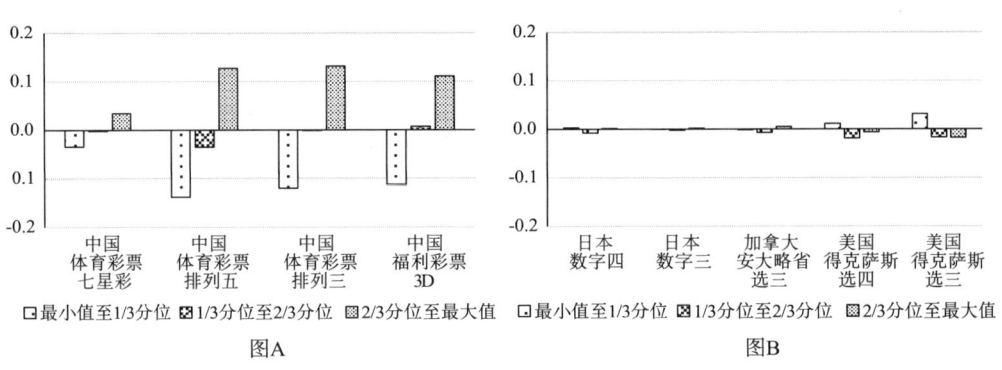

图6-29　各数字型彩票所有有效期各1/3分位区间次小间隔比的标准综合偏离指数

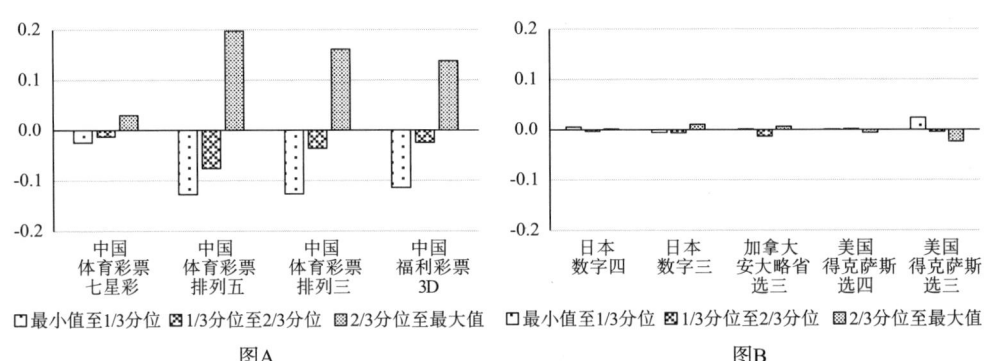

图6-30　各数字型彩票所有有效期各1/3分位区间最小间隔比的标准综合偏离指数

6.3 综合分析

前文以各 1/3 分位区间划分的各指标图，几乎都呈现单调递增或递减的表现，但程度差别较大。本书计算出各指标的"最小值至 1/3 分位"与"2/3 分位至最大值"的差额，并取绝对值，规定其为对应有意择号行为的贡献值，以量化出彩票购买者的有意择号行为各表现形式的程度。为跨彩种综合比较，我们统一选择如下指标来体现：号码偏好中的单个号码偏好采用冷热号码，号码组合偏号采用加总比；错误预测中的短期视角采用第 1 期至第 5 期重复比的最大值，长期视角采用 4 项间隔比的最大值。

6.3.1 跨彩种分析

如图 6-31 和图 6-32 所示，中国各支彩票的两项错误预测指标的贡献值很大，即中国彩票购买者都表现出了强烈的错误预测现象，特别是中国体育彩票排列五和排列三，中国福利彩票 3D，尤为突出。然而，国外 11 支彩票，不论是数字型还是乐透型，两项号码偏好的贡献值都很大，即外国彩票购买者都无一例外地表现出强烈的号码偏好现象，而错误预测非常不明显。

特别是，对比图 6-31 和图 6-32 与前文 5.3.1 中的图 5-7 和图 5-8，可以发现，总贡献值大的彩票，综合程度指数也高。

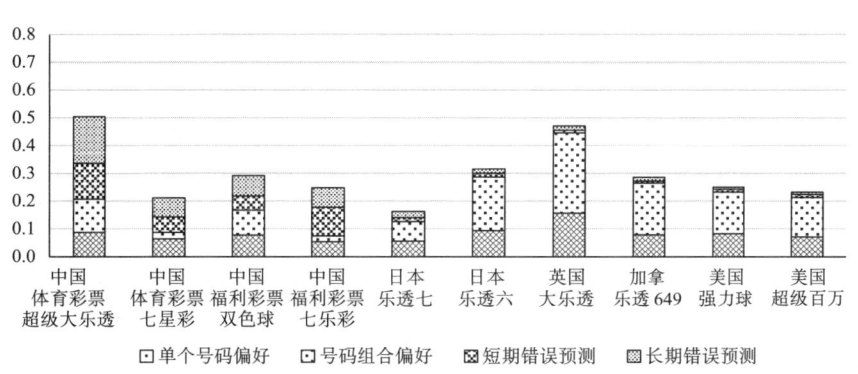

图 6-31　乐透型彩票购买者有意择号行为各表现形式的程度

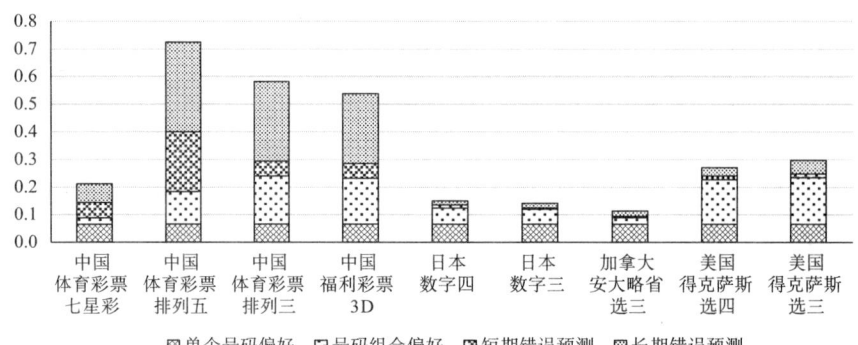

图 6-32 数字型彩票购买者有意择号行为各表现形式的程度

6.3.2 跨类型分析

根据 5.3.2 同样的方法，根据各支彩票销量加权计算出各类型彩票购买者有意择号行为各表现形式的程度，同样发现，中国各类型彩票购买者者表现出了强烈的错误预测现象，而外国各类型彩票购买者表现出了强烈的号码偏好现象。

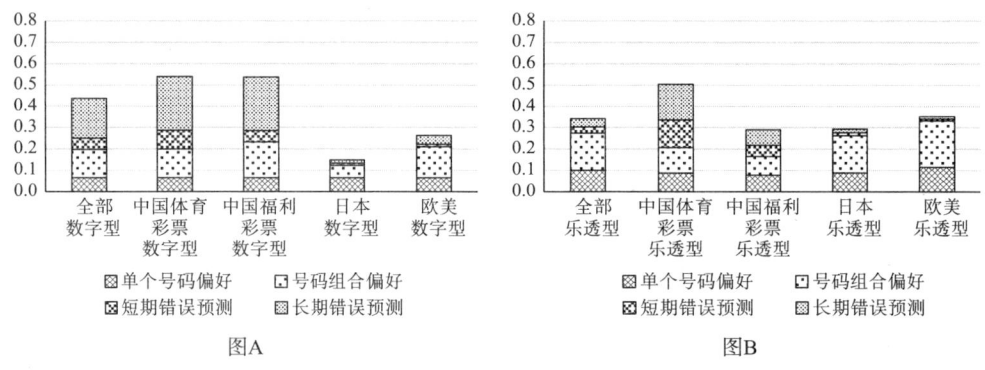

图A　　　　　　　　　　　　　　图B

图 6-33　各类型彩票购买者有意择号行为各表现形式的程度

6.3.3 跨国别分析

本书根据各支彩票销量加权计算出各国彩票购买者有意择号行为各表现形式的程度，同样发现，中国彩票购买者者表现出了强烈的错误预测现象，而外国彩票购买者表现出了强烈的号码偏好现象（见图 6-34）。

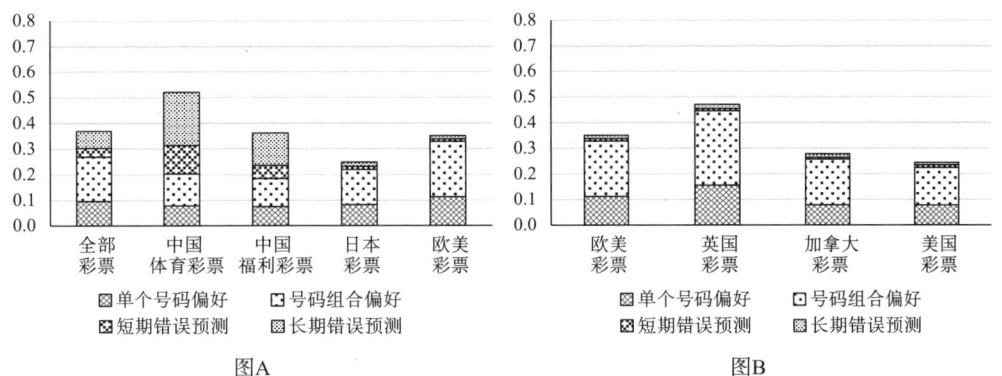

图 6-34 各国家彩票购买者有意择号各表现形式的程度

第7章 彩票问题的进一步分析

7.1 超级大乐透异常现象的解释

7.1.1 中奖号码出现频次的异象

(1) 超级大乐透各时期中奖号码的出现情况

本书计算了这支彩票 1 至 35 共 35 个前区号码的某个号码 i 在某一期间 T 作为中奖号码出现的实际数量 $N_{T,i}^R$，并与其期望数量 $N_{T,i}^T$ 相比，得出频次比 $NR_{T,i}$。以 2013 年 12 月 9 日前后为界，将其分为前段和后段两个时段，并进一步分别以 2009 年 10 月 17 日和 2012 年 1 月 1 日，将前一时段分为三个子期间。以 2014 年 5 月 7 日（奖级数从 8 为减少至 6 个）和 2019 年 2 月 20 日（奖级数从 6 个增加至 9 个）为界，将后一时段分为三个子期间。

如图 7-1 所示，这支彩票在前段期间即发行之初的 2007 年 5 月 30 日至 2013 年 12 月 7 日共 1004 期中，29 至 35 这 7 个号码（下文称为大号码）的频次比都远超过 1，号码 34 最小，为 1.2271，号码 33 则高达 1.5618，甚至这一期间的各个子期间也表现出同样的情况。

(2) 中奖号码异常对彩票购买者投注行为的影响

彩票购买者一旦发现上述现象，就会认为是发现了"规律"，进而过多投注出现频次高的号码。一个事例是，2011 年 9 月 19 日第 19110 期，当期销量 8194.1832 万元，合 4097.0916 万注。以此计算，当期一等奖理论注数为 1.9122 注，二等奖为 38.2446 注。但当期前区中奖号码为 30、31、33、34 和 35，全部大于等于 30。当期基本玩法一等奖中奖注数高达 65 注，二等奖 1203 注；追加玩法一等奖 19 注，二等奖 177 注。结果当期一等奖偏离指数为 3.4202，二等奖偏离指数为 3.5099，综合偏离指数为 2.0081。

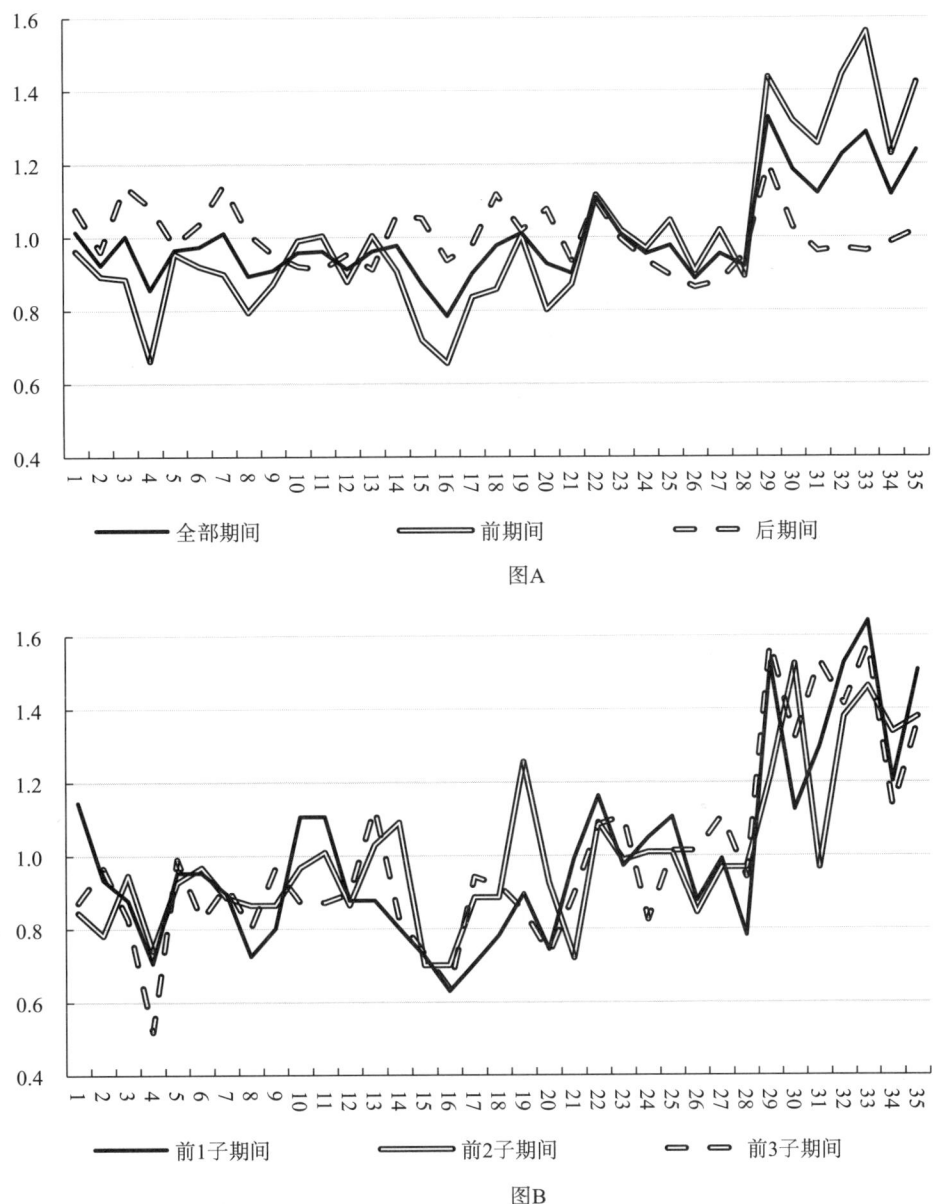

图 7-1 中国体育彩票超级大乐透在各时段各号码的频次比

如图 7-2 所示,在前期间,各号码的频次比与标准综合偏离指数高度相关,相关系数达到了 83.38%;而在后期间,则没有明显关系,相关系数只有 3.37%。

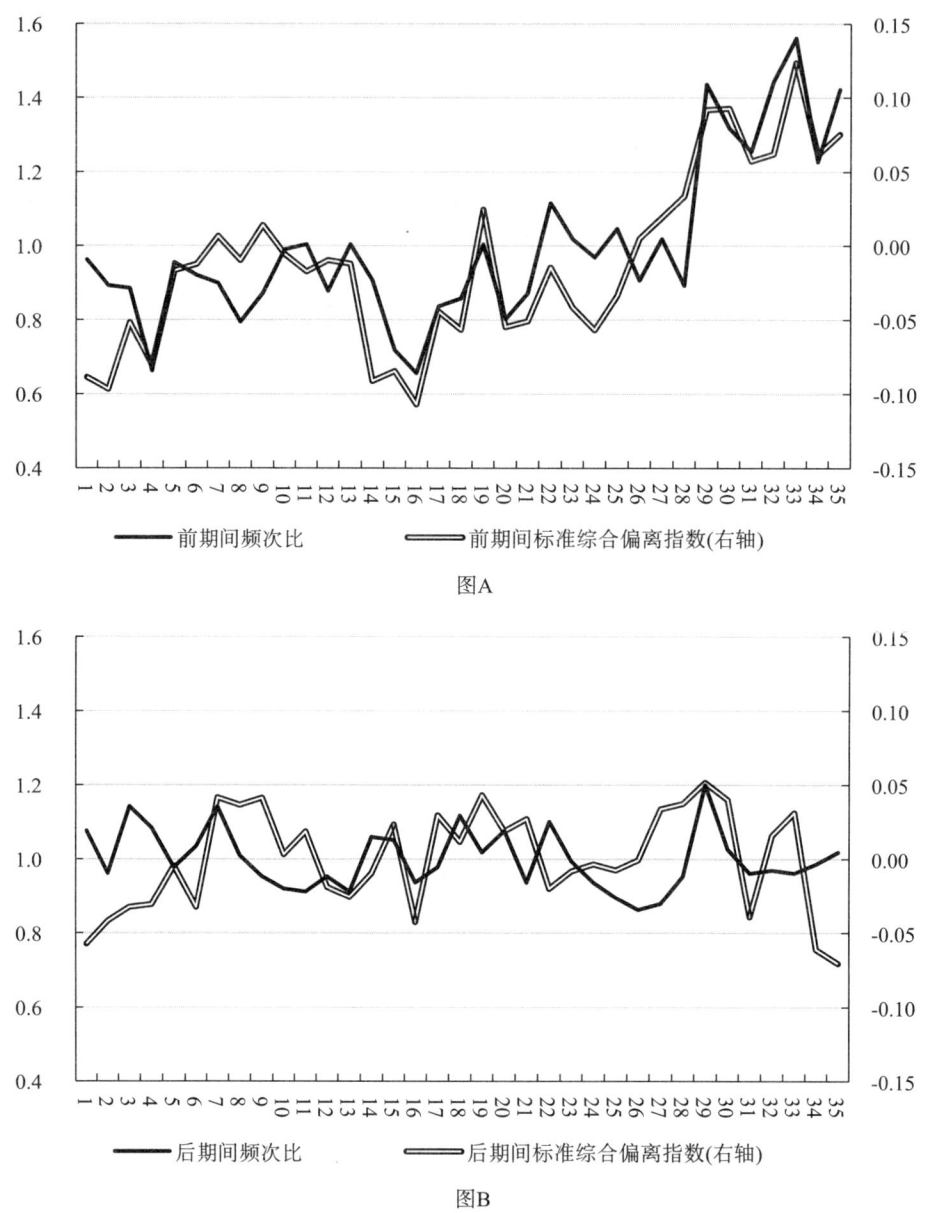

图7-2 中国体育彩票超级大乐透各期间各号码频次比与标准综合偏离指数的关系

如图7-3图A所示,在"前1子期间"大号码出现频次高的现象已经发生,这一子期间的大号码的标准综合偏离指数也大于小号码,但相对"前2子期间"和"前3子期间",两者差别相对较小;而在"后1子期间"这一现象已经消失,但大号码的标准综合偏离指数仍大于小号码,尽管这一差别相对"前3子期间"变小。图7-3图B还显示,尽管不"明显"但很"显著",在"后2子期间"和"后3子期间",大号码的标准综合偏离指数已小于小号码。这说明,中国体育彩票超级大乐透购买者的上述行为存在"滞后"现象,即会随着中奖号码实际频次变化情况而慢慢调整选择的彩票号码。另一个佐证是,2007年6月23日(第07001期)、2009年3月4日(第09024期)和2011年9月19日(第11110期)的前区号码都是大号码,但第07001期的一等奖基本玩法和追加玩法的中奖注数都是0;而第09024期则分别是12和3,到了第11110期则分别是65和19。

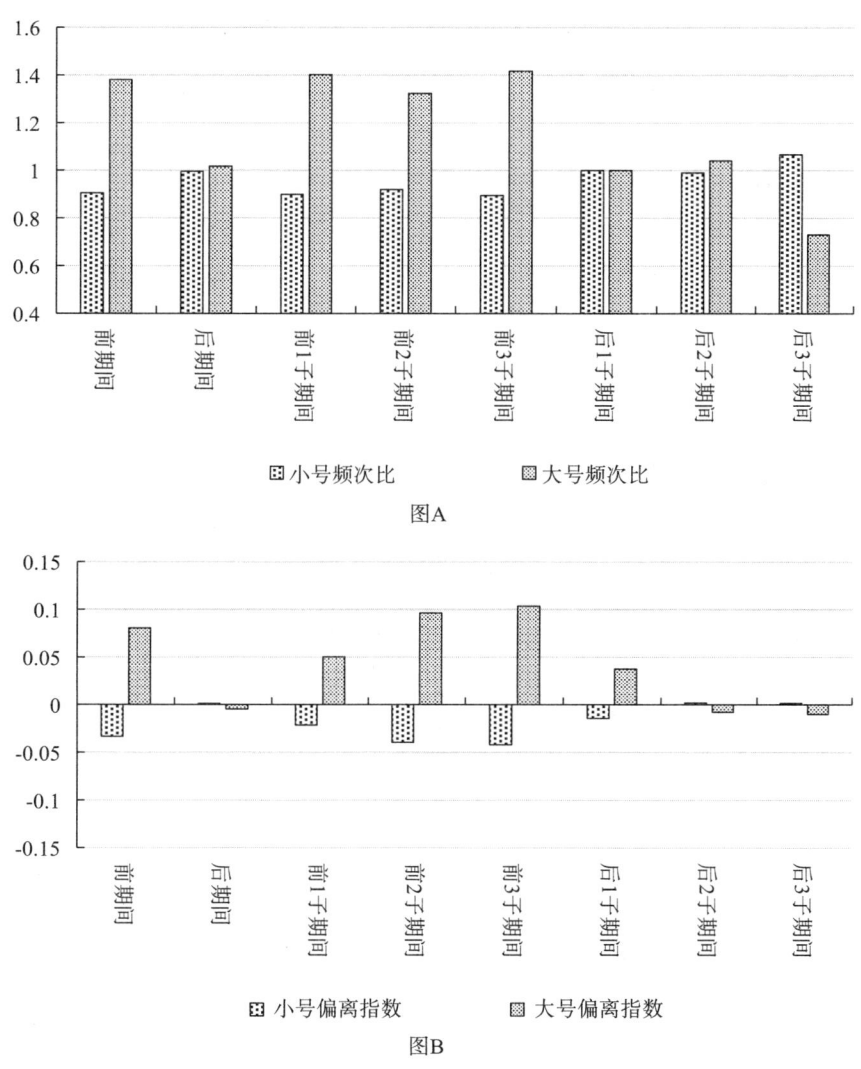

图7-3 中国体育彩票超级大乐透各期间各类号码频次比与标准综合偏离指数

(3) 小结

中国体育彩票超级大乐透在2007年5月30日至2013年12月7日共1004期中,大号码出现频率长期偏高,这的确是极为罕见异常的情况。我们不想也无法知道这一现象发生的真正原因,只是评价这一现象导致的后果。

如前所述,彩票购买者发现这一现象后,就会对大号码过多投注,而"恰好"这段时期大号码的出现频次高,这就导致了前文各部分内显示了中国体育彩票超级大乐透的异象。例如,图5-1和图5-2显示,这支彩票的年度偏离比例和年度偏离指数在2008年至2013年偏高,在2014年至2018年偏低;6.1.2部分显示,这支彩票购买者的热号码是大号码而不是小号码。同样,这也解释了图5-3中所显示的这支彩票的年度综合程度指数在2008年至2013年偏高,而随后下降的原因。

7.1.2 超高奖池积累的异象

(1) 规则调整前后的奖池规模对比

2014年5月5日起,中国体育彩票超级大乐透游戏规则发生重大调整,结果如图7-4所示,从此日至2019年2月18日,这支彩票的奖池规模从4.2659亿元增加至73.6839亿元,不到5年时间增加了16.27倍。作为对比,这支彩票在此前奖池的规模有限,2011年5月18日最高,也不过4.2687亿元,并且有15次因中奖人数过多而归0。

(2) 超高奖池累计的真正原因

业界人士将奖池超高的原因归咎于从2014年5月5日起,这支彩票规则发生重大变化,奖级从此前的8个减少至6个,导致各奖级奖金相对中奖概率偏小,故而奖池不断积累。但实际上,根据计算,这支彩票一等奖总奖金占所有奖级总奖金的比例从此前的34.74%增加至41.12%;相应地,一等奖单注奖金期望值从744.36万元增加至881.05万元。而根据其规则,如果奖池超过1亿元以后,一等奖单注奖金最高可达到1000万元,大于881.05万元,可以有效泄奖。如果彩票购买者随机择号,奖池也不会累计过高。因此,上述解释并不充分。

更主要的原因在于,如前文分析所示,这支彩票购买者的有意择号行为很强,在大多数情况下,实际中奖人数小于理论中奖人数,对应奖金被滚入奖池;在少数情况,实际中奖人数大于理论中奖人数,但由于最高1000万元的封顶限制,总奖金有限,不能大幅减少奖池,由此就导致了这支彩票的超高奖池。

还要指出的是,图7-4图A显示,销量与奖池高度正相关;而图7-4图B显示,截至2019年2月20日,销量则长期稳定在1.5亿元至2.5亿元之间,奖池对于销量已无刺激作用。而在此时,中国体育彩票机构则坐在一个巨大的火山口之上。

第7章 彩票问题的进一步分析

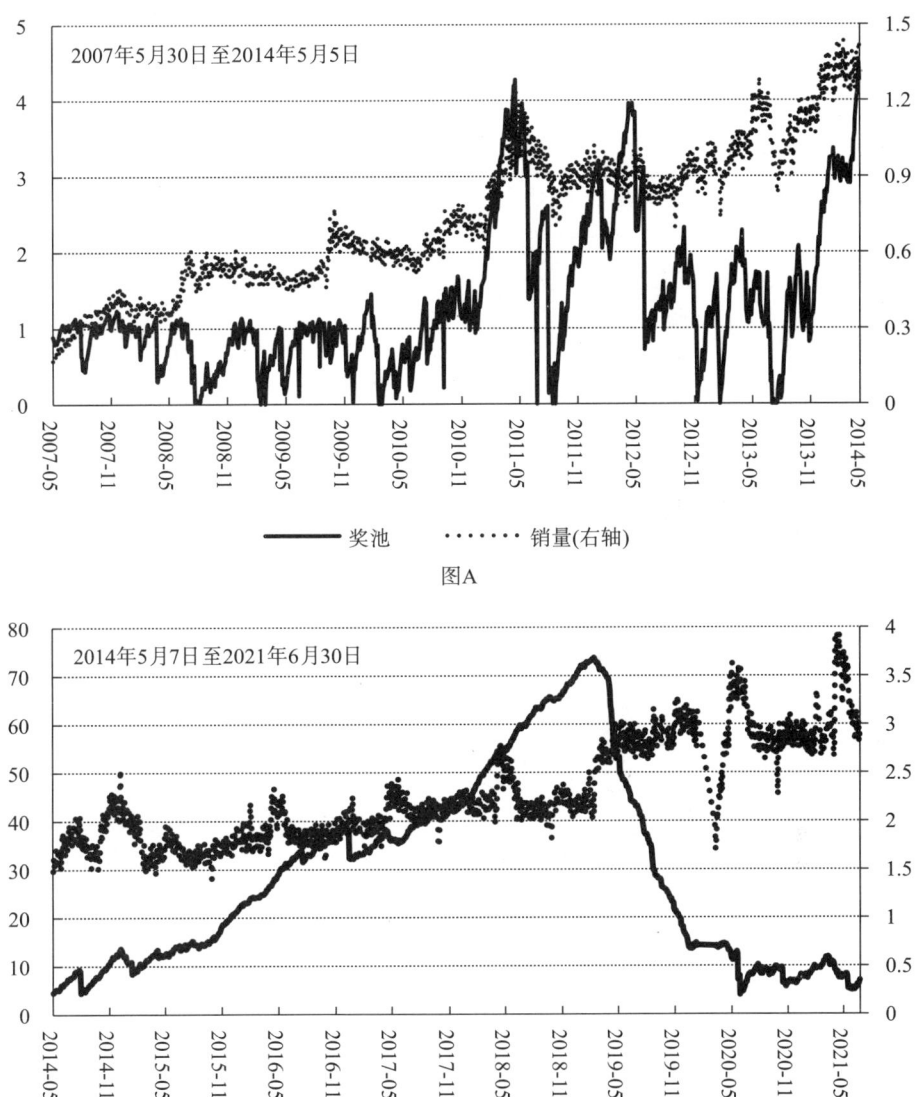

图A

图B

图7-4 中国体育彩票超级大乐透历期奖池

(3) 后续性风险

亡羊补牢的是，2019年2月20日起，这支彩票规则再次调整，一等奖总奖金占所有奖级总奖金的比例减少至33.86%；相应地，一等奖单注奖金期望值减少至725.54万元。与此同时，还实施了浮动奖奖金特别规定，一等奖单注奖金加上派奖最高可达 1800 万元。如图 7-4 所示，这支彩票奖池开始大幅下降，至了 2019 年 6 月 30 日，已降至 43.7201 亿元，仅为最高值的 59.33%，至了 2021 年 6 月 30 日，已降至 7.0060 亿元，仅为最高值的 9.51%。

不过在奖池回归至合理规则之前，中国体育彩票机构仍面临巨大风险。2019 年 2 月 23 日和 4 月 3 日，这支彩票二等奖中奖注数分别为 633 注和 597 注，而一等奖仅分别为 4 注和 2 注，三等奖仅分别为 347 注和 323 注。显然，这两期发生了彩票购买者数百倍的倍投而只错失一个后区号码的现象。

7.2 其他相关问题

7.2.1 中国乐透型彩票奖金封顶限制的影响

(1) 中国情况

目前中国各彩票都有单注奖金封顶限制的问题，为取得更高奖金，中国彩票购买者普遍存在"倍投"现象，即同时投注多注相同的号码组。这样彩票购买者选择的号码更加集中，也即有意择号程度越强，导致要么不中奖要么中得多注，结果就是程度指数过高。

中国体育彩票超级大乐透于 2009 年 10 月 17 日起，中国福利彩票双色球于 2009 年 1 月 1 日起，在奖池较高情况下，封顶限制从 500 万元变相提升至 1000 万元。本书对比了两支彩票在规则调整前后各 20 期综合程度指数的平均值。对于超级大乐透，前 20 期为 0.2693，后 20 期为 0.2534，下降值为 0.0159，下降率为 5.90%；对于双色球，前 20 期为 0.2618，后 20 期为 0.2277，同样下降 0.0341，下降率为 13.04%。这说明，单注奖金上限提高，会适当削弱"倍投"现象。

(2) 国际情况

在日本同样也有奖金封顶限制的问题，选七为 10 亿日元，选六为 6 亿日元。而英国大乐透、加拿大乐透 649 以及美国强力球和超级百万则没有封顶限制。本书找出了各支乐透彩票最高一等奖总奖金数各期数据，并计算出这一期前后数期综合程度指数的平均值。

如表 7-1 所示，对于有封顶限制的中国和日本的 4 支彩票，无论是选择 5 期还是 10 期，综合程度指数都减少。而对于无封顶限制的 4 支欧美彩票，综合程度指数都上升。

表7-1　一等奖连续多期无人中出时综合程度指数前后各期情况对比

项目		有无限制	有封顶限制				无封顶限制			
		国家	中国		日本		英国	加拿大	美国	
		彩票	超级大乐透	双色球	乐透七	乐透六	大乐透	乐透649	强力球	超级百万
中奖情况		日期	2016年12月21日	2019年5月7日	2019年3月8日	2018年5月3日	2016年1月9日	2015年10月17日	2016年1月13日	2018年10月23日
		货币单位	人民币	人民币	日元	日元	英镑	加元	美元	美元
		总奖金	5.91	7.83	30.00	18.61	0.66	0.64	15.86	15.37
		单注奖金	500.28	511.76	100000	20674.80	3303.53	6400	52880	153700
		中奖注数	115.5	153	3	9	2	1	3	1
各时期综合程度指数均值		前10期	0.2984	0.2628	0.1814	0.2281	0.1948	0.1171	0.0847	0.0850
		后10期	0.2179	0.2617	0.1733	0.2154	0.2232	0.1587	0.1432	0.1185
		差额	−0.0805	−0.0011	−0.0081	−0.0126	0.0284	0.0416	0.0585	0.0335
		前5期	0.4032	0.2909	0.1808	0.1805	0.1782	0.1096	0.1015	0.0831
		后5期	0.1758	0.2160	0.1289	0.1746	0.2326	0.1746	0.1228	0.1117
		差额	−0.2274	−0.0749	−0.0518	−0.0059	0.0543	0.0650	0.0214	0.0286

注：超级大乐透中奖注数为基本玩法注加上追加玩法注数的一半。

(3) 原因分析

表7-1中不同彩票表现出来的差异，我们解释如下：

根据乐透型彩票规则，一等奖采用浮动赔率形式，即每注奖金为"奖池总额+当期一等奖奖金总额"与中奖注数之比，并且不大于最高封顶限额。这样，总奖金不变，中奖注数越多，单注奖金越低。如果一等奖无人中出，或者在有封顶限制的条件下奖金总有剩余，则相应奖金滚入奖池，用于支付下一期一等奖；若未中出或有剩余，则继续滚入再下一期。这样，如果某一期一等奖总奖金过高时，奖池就会大幅下降甚至归0，下一期用于支付一等奖奖金的金额就会大幅减少。在这种情况下，奖金是否有封顶限制，会对彩票购买者的"倍投"行为产生完全相反的影响。

若无封顶限制，同样号码组投注多注，只是增加投注成本，但却不会增加可能获得的奖金总额。因此，如果奖池累积非常高时，彩票购买者为获得更多奖金，选择的号码将更为分散，甚至会刻意选择平时所不选择的号码，这样"倍投"现象就会缓解，有意择号程度就会下降。随后一等奖期望奖奖金下降，有意择号程度又会上升。

若有封顶限制，上述情况发生时，受单注奖金封顶限制的影响，为获得更高的总奖金，彩票购买者就会同时投注多注同样号码组。这样，"倍投"现象反而加强,有意择号程度就会上升。而因一等奖总奖金过高奖池大幅下降,随后一等奖期望奖奖金下降,甚至低于封顶限额,有意择号程度反而会下降。

可见,最高奖金封顶限制,会助长彩票购买者的有意择号行为。

7.2.2 中国数字型彩票游戏规则变化的影响

(1) 规则变化情况

中国体育彩票排列三和中国福利彩票3D的玩法高度一致,不过在2008年5月4日之前,后者与前者的一个区别是"限号政策",即如果某组号码投注量过高时,则不再销售这些号码。2008年5月4日起,前者也开始实施限号政策。

2014年8月26号起,中国体育彩票排列三和中国福利彩票3D的各玩法单注的中奖奖金提升,其中直选从此前的1000元升至1040元,组选三从320元升至346元,组选六从160元升至173元。

(2) 影响量化

本书分别计算出上述两个规则变化前后300期、200期和100期各区间段的两支彩票综合程度指数均值。

如表7-2所示,限号政策实施前后,中国体育彩票排列三的综合程度指数明显下降,并随着时间推移,下降程度加大。而中国福利彩票3D则因规则没有变化,其综合程度指数也保持稳定。

单注奖金提高以后,两支彩票的综合程度指数都明显下降,并随着时间推移,下降程度加大,并且前者的下降程度更大。

表7-2　　中国数字型彩票规则变化对综合程度指数的影响

期间	彩票	中国体育彩票排列三		中国福利彩票3D	
	日期	2008年5月4日	2008年5月4日	2014年8月26日	2014年8月26日
	规则	限号政策	无	增加奖金	增加奖金
前后300期对比	变化值	-0.0195	-0.0015	-0.0188	-0.0134
	变化率	-5.87%	-0.49%	-7.00%	-4.87%
前后200期对比	变化值	-0.0168	0.0119	-0.0175	-0.0073
	变化率	-5.02%	3.85%	-6.18%	-2.67%
前后100期对比	变化值	-0.0101	0.0046	-0.0025	-0.0024
	变化率	-2.88%	1.44%	-0.93%	-0.87%

(3) 结果分析

实施限号政策,彩票购买者就不能大量购买他们所偏好选择的号码,这就迫使他们选择其他号码,有意择号行为会被缓解,进而综合程度指数也会下降。

单注奖金提高以后，用相对此前少的资金也可以获得相同的中奖奖金，"倍投"现象就会减少，同样，有意择号行为会被缓解，进而综合程度指数也会下降。这与前文 7.2.1 中中国体育彩票超级大乐透与中国福利彩票双色球因一等奖单注奖金提升而综合程度指数下降的原因是相同的。

7.2.3　各类彩票游戏其他规则变化的影响

（1）单注价格提升

英国大乐透于 2013 年 10 月 15 日起，单注价格从此前的 1 英镑上升至 2 英镑，加拿大乐透 649 于 2004 年 6 月 2 日起，单注价格从此前的 1 加元升至 2 加元，于 2013 年 9 月 18 日起，价格又升至 3 加元。本书计算出价格调整前后 300 期、200 期和 100 期各区间段的两支彩票综合程度指数均值。

如表 7-3 所示，两支彩票单注价格提高以后，综合程度指数明显上升。原因在于，单注价格提高，彩票购买者的投注成本增加，选择号码范围减少，有意择号行为被加强，进而综合程度指数上升。

此外，美国强力球于 2012 年 1 月 18 日，超级百万于 2017 年 10 月 31 日起，单注价格从 1 美元升至 2 美元，但与此同时它们的玩法也发生了重大改变，因此本书不再计算相应情况。

表 7-3　英国和加拿大两支乐透型彩票单注价格提高对综合程度指数的影响

期间	彩票	英国大乐透	加拿大乐透 649	
	日期	2013 年 10 月 5 日	2004 年 6 月 2 日	2013 年 9 月 18 日
	调整情况	1 英镑至 2 英镑	1 加元至 2 加元	2 加元至 3 加元
前后 300 期对比	变化值	0.0324	0.0124	0.0082
	变化率	14.77%	6.64%	4.67%
前后 200 期对比	变化值	0.0329	0.0215	0.0107
	变化率	15.03%	10.95%	6.02%
前后 100 期对比	变化值	0.0471	0.0361	0.0110
	变化率	21.51%	18.11%	6.58%

（2）选择号码集增加

2015 年 10 月 10 日起，英国大乐透选择的号码从此前的 1 至 49 改为 1 至 59；美国强力球与超级百万的规则经过多次变化，前区号码数量逐渐增大，本书计算出各个单独选择号码集增加而价格不变情况的规则调整前后 300 期、200 期和 100 期各区间段的两支彩票综合程度指数均值。

由如此前 6.1.2 指出的那样，3 支彩票购买者都偏好选择小号码，如表 7-4

和表 7-5 所示，选择号码集增加以后，他们选择的号码更加集中，有意择号行为增强，综合程度指数进而增加。

表 7-4　　　　美国强力球规则变化对综合程度指数的影响

期间	日期	2002年10月9日	2005年8月31日	2009年1月7日	2015年10月7日
	调整情况	前区号数53 后区号数42	前区号数55 后区号数42	前区号数59 后区号数39	前区号数69 后区号数26
	一等奖概率	120526770	146107962	195249054	292201338
前后300期对比	变化值	0.0073	0.0094	0.0102	0.0075
	变化率	7.39%	8.82%	10.33%	6.18%
前后200期对比	变化值	0.0049	0.0086	0.0101	0.0106
	变化率	4.93%	8.17%	10.17%	8.54%
前后100期对比	变化值	0.0020	0.0205	0.0109	0.0083
	变化率	1.81%	18.56%	10.90%	7.36%

表 7-5　　　美国超级百万和英国大乐透规则变化对综合程度指数的影响

期间	彩票	美国超级百万			英国大乐透
	日期	2002年5月17日	2005年6月24日	2013年10月18日	2015年10月10日
	调整情况	前区号数52 后区号数52	前区号数56 后区号数46	前区号数75 后区号数15	49选6变为 59选6
	一等奖概率	135145920	175711536	258890850	45057474
前后300期对比	变化值	0.0013	0.0066	0.0013	0.0057
	变化率	1.15%	5.81%	1.23%	2.38%
前后200期对比	变化值	0.0063	0.0035	0.0030	0.0073
	变化率	5.57%	3.36%	2.62%	2.93%
前后100期对比	变化值	0.0191	0.0048	0.0141	0.0165
	变化率	17.29%	4.50%	12.64%	7.09%

(3) 开奖频率增加

中国福利彩票双色球从 2004 年 8 月 24 日起，每周开奖次数由此前的 2 次增至 3 次；日本选三和选四彩票从 2004 年 6 月 28 日起，每周开奖次数由此前的 3 次增至 5 次；美国得克萨斯州的选三和选四彩票，从 2013 年 9 月 9 日起，每天开奖从此前的 2 次增至 4 次。

本书计算出各支彩票开奖频率调整前后 300 期、200 期和 100 期各区间段的综合程度指数均值。如表 7-6 所示，各支彩票的相应指数都明显上升。其背后原因在于，彩票购买者对购买彩票的金额有个预算，开奖频率增加，每次投注金额就会减少，他们选择的号码就更集中，有意择号行为增强，进而综合程度指数上升。

表7-6　　　　各支彩票开奖频率增加对综合程度指数的影响

期间		彩票	中国福利彩票双色球	日本数字四	日本数字三	美国得克萨斯州选四	美国得克萨斯州选三
		日期	2004年8月24日	2004年6月28日	2004年6月28日	2013年9月9日	2013年9月9日
		调整情况	每周2次至3次	每周3次至5次	每周3次至5次	每天2次至4次	每天2次至4次
前后300期对比		变化值	0.0133	0.0062	0.0016	0.0224	0.0089
		变化率	4.68%	3.31%	0.99%	5.66%	3.02%
前后200期对比		变化值	0.0039	0.0003	0.0079	0.0432	0.0042
		变化率	1.37%	0.16%	4.71%	10.41%	1.42%
前后100期对比		变化值	0.0129	0.0279	0.0122	0.0168	0.0085
		变化率	4.58%	13.63%	7.30%	4.19%	2.87%

7.2.4　其他事项

（1）彩票购买者投注资金预算

前文7.2.3部分论及一些彩票单注价格提高和开奖频率增加的影响，本书计算出这些彩票相应规则变化前后300期、200期和100期各区间段的单期销售注数均值。如表7-7和表7-8所示，外国各种彩票的单期销售注数都大幅下降，如英国大乐透单注价格从1英镑增至2英镑以后，销售注数则下降近一半，折算成销售金额恰好与此前相仿。

表7-7　　　　欧美四种乐透型彩票单注价格提高对销售注数的影响

期间		彩票	英国大乐透	加拿大乐透649		美国强力球	美国超级百万
		日期	2013年10月15日	2004年6月2日	2013年9月18日	2012年1月18日	2017年10月31日
		调整情况	1英镑至2英镑	1加元至2加元	2加元至3加元	1美元至2美元	1美元至2美元
前后300期对比		变化值	-1059.42	-480.19	-94.67	-380.98	-64.20
		变化率	-46.22%	-34.17%	-13.17%	-14.67%	-3.01%
前后200期对比		变化值	-967.09	-426.62	-79.63	-279.78	-45.11
		变化率	-43.70%	-31.71%	-10.95%	-10.13%	-2.13%

续表

期间	彩票	英国大乐透	加拿大乐透649		美国强力球	美国超级百万
	日期	2013年10月15日	2004年6月2日	2013年9月18日	2012年1月18日	2017年10月31日
	调整情况	1英镑至2英镑	1加元至2加元	2加元至3加元	1美元至2美元	1美元至2美元
前后100期对比	变化值	-851.62	-404.19	-22.38	-509.34	-100.52
	变化率	-40.24%	-30.25%	-3.04%	-17.98%	-5.22%

注：变化值单位为万注。

唯一例外的是，中国福利彩票双色球在开奖频率从每周2次增至3次时，销量不降反增，背后原因在于此时这支彩票正处于旺盛的成长期，抵消了开奖频率提高对销量的负面影响。

这说明，彩票购买者在一段时期内投注资金是相对固定的。

表7-8　　　　　　各种彩票开奖频率增加对销售注数的影响

期间	彩票	中国福利彩票双色球	日本数字四	日本数字三	美国得克萨斯州选四	美国得克萨斯州选三
	日期	2004年8月24日	2004年6月28日	2004年6月28日	2013年9月9日	2013年9月9日
	调整情况	每周2次至3次	每周3次至5次	每周3次至5次	每天2次至4次	每天2次至4次
前后300期对比	变化值	1880.34	-76.56	-26.13	-6.12	-23.13
	变化率	72.57%	-29.70%	-31.81%	-46.26%	-53.05%
前后200期对比	变化值	1504.25	-71.25	-24.35	-6.12	-22.44
	变化率	58.05%	-27.90%	-29.95%	-46.57%	-52.31%
前后100期对比	变化值	297.51	-73.79	-24.41	-6.22	-21.47
	变化率	8.53%	-28.93%	-30.15%	-47.67%	-51.20%

注：变化值单位为万注。

(2) 其他彩票的号码出现频率

中国体育彩票超级大乐透在2007年5月30日至2013年12月7日共1004期中，29至35这7个号码的频次比都远超过1。我们也计算了其他彩票各号码的出现频次比。如图7-5所示，唯有中国体育彩票超级大乐透出现了异像，而中国体育彩票七星彩、中国福利彩票双色球和七乐彩，各号码的频次比都在0.8至1.2之间，我们也计算了其余各支彩票的频次比，同样没有发现类似的异像情况。

第7章 彩票问题的进一步分析

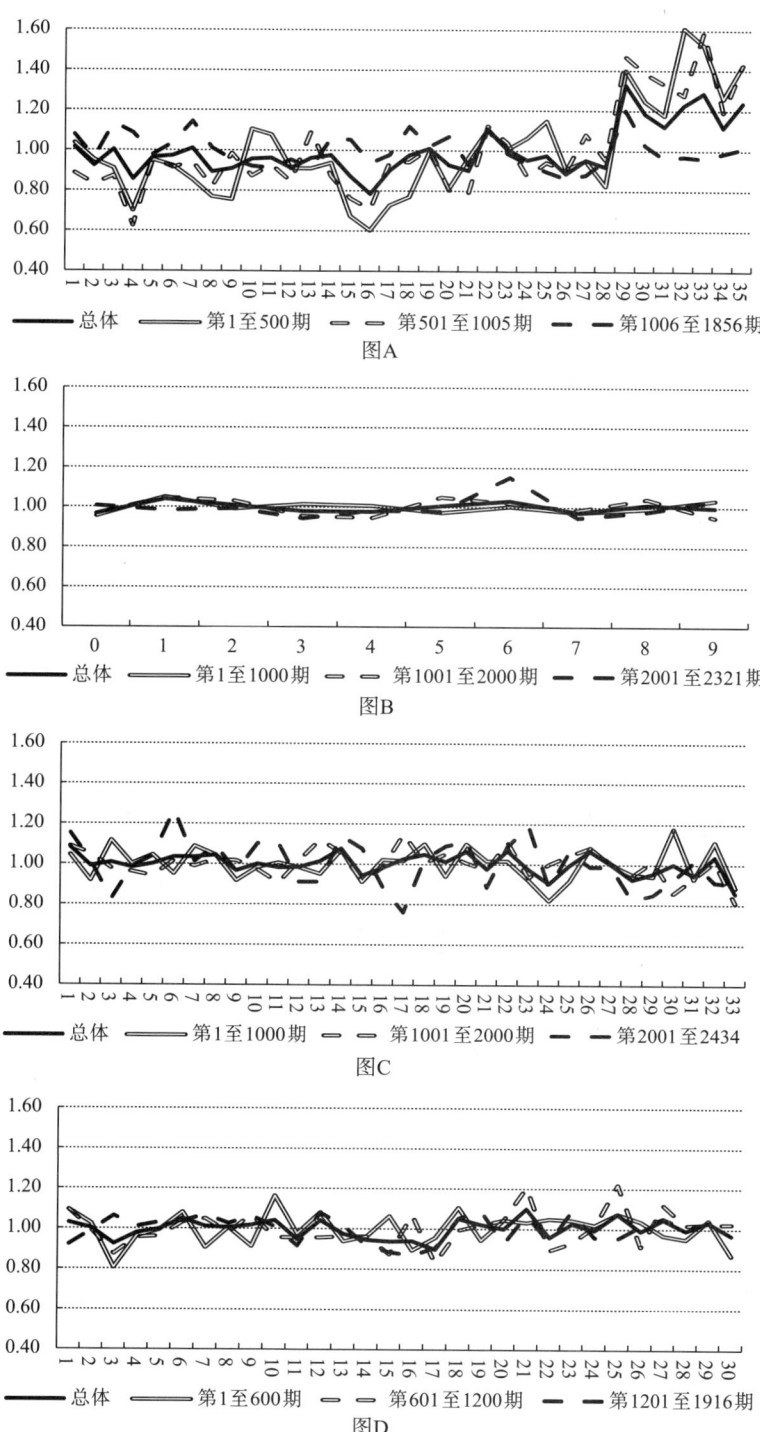

图7-5 中国各支彩票各时期各号码的频次比

(3) 代表性问题

根据《拉弗世界彩票年鉴》(*La Fleur's World Lottery Almanac*) 数据，我们计算了本书各支彩票销量占所在地所有乐透数字型彩票的历年销售比例。

如图 7-6 所示，在中国，相关指标从 2005 年起达到了 75%，2014 年至 2019 年上半年，都超过 95%。在日本，相关指标从 2001 年起，都超过 80%，部分年份还超过 90%。在英国、美国和加拿大三国，虽然相对略低，但也都基本超过 40%。

因此，本书样本彩票可以代表当地彩票购买者的整体情况。

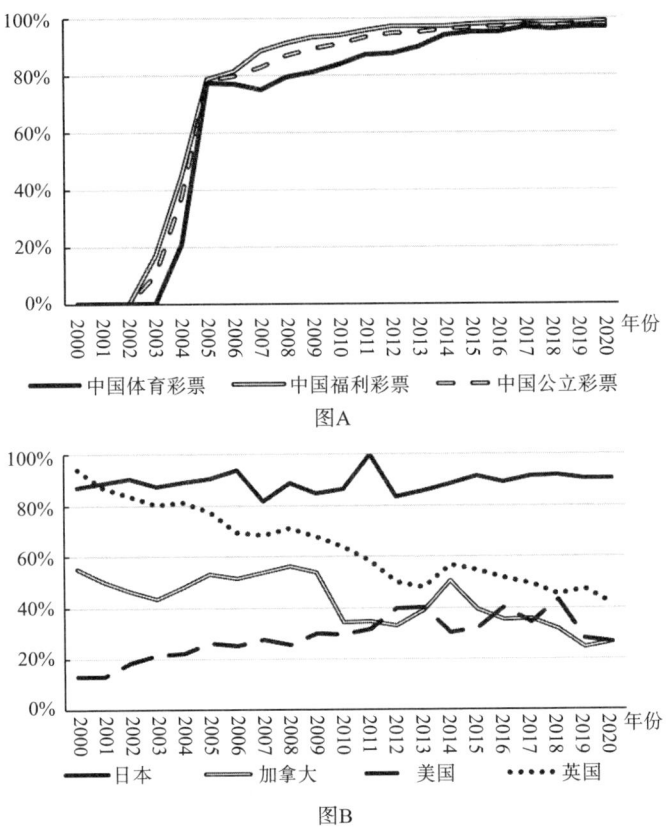

图 7-6 样本彩票销量占当地所有乐透数字型彩票销量比例

第 8 章　结论与建议

8.1　结论

8.1.1　中国彩票购买者有意择号行为程度偏高

各支彩票的历年有意择号程度指数都大于 0，综合偏离比例等于 0，说明中外各支彩票的购买者都表现出了明显的有意择号现象，却根本不能提高中奖概率，因此这一行为是非理性的。

相对于中国福利彩票以及外国彩票，中国体育彩票购买者的有意择号程度更高；相对于中国体育彩票乐透型各品种，中国体育彩票数字型各品种的有意择号程度更高。

8.1.2　中国彩票购买者表现出较强烈的赌徒谬误

外国各支彩票有意择号主要表现为号码偏好。中国彩票购买者的有意择号主要表现错误预测，并且无论是短期还是长期，都体现为赌徒谬误。中国体育彩票与中国福利彩票类似，但程度强于后者。

彩票购买者选择自己偏好的号码，如生日号码或文化吉祥号码，虽然不能提高中奖概率，但至少可以获得某些主观效用，因此，这种心理错误的严重性并不大。但如果怀着赌徒谬误心理，长期跟踪此前数十期甚至上百期中奖号码，无端地浪费大量时间和精力，却并不能提高中奖概率，并且就算侥幸中奖，总奖金在众多中奖者中均分，单注奖金也会很低。因此，这种心理是"错上加错"。

8.1.3　彩票规则对购买者有意择号行为有明显影响

中国体育彩票超级大乐透历史上部分号码出现过频率过高的异象，导致了这支彩票购买者过度投注这些号码，加强了有意择号行为。

目前中国彩票业的大奖封顶，反而会加强彩票购买者非理性行为，这在事实上违背了实施这一政策的初衷。

单注价格、开奖频率和中奖难度的提高，会加强彩票购买者的有意择号行为，而单注奖金提高以及限号政策，则会缓解这一行为。

8.1.4 彩票购买者有意择号问题对彩票机构意义重大

前文 2.3.2 部分说明了彩票购买者有意择号行为，会给彩票发行机构带来财务风险。而由于中国大奖封顶限制和购买者更不理性等两项特色之处，有意择号行为对于彩票发行机构的负面影响更为严重。

2019 年至 2020 年上半年，中国福利彩票双色球和中国体育彩票超级大乐透是世界销售前两位的彩票，而前文 7.1.2 部分说明，以目前世界上销量第二大的单支彩票——中国体育彩票超级大乐透为例，说明就算只考虑自身风险，中国彩票相关机构也必须高度重视彩票购买者有意择号问题。

8.2 建议

以中国各级彩票监管和发行部门为能动主体，我们提出如下建议：

8.2.1 制订规则影响彩票购买者有意择号行为

对于中国彩票购买者强烈的非理性的有意择号行为，中国彩票相关机构不能漠视这一现状，而是应当采取诸多手段完善各彩票品种规则以影响彩票购买者的行为。

如表 7-2 所示，2014 年 8 月 26 日起，中国体育彩票排列三和中国福利彩票 3D 这两支玩法基本相同的彩票都同时提高了各玩法的单注奖金，它们的综合程度指数也随之下降，但前者下降程度更大。原因在于，除了提高奖金以后，福彩 3D 同时还增加了"猜大小""猜 1D""猜 2D""猜三同""拖拉机""猜奇偶"等多种新的玩法。玩法增多，彩票购买者在每种玩法的投注资金量将会减少，选择号码将会更加集中，有意择号程度自然上升。因此，不建议中国体育彩票排列三也跟随采取这些玩法。

另外，有人提出彩票单注价格 2 元已实施近 30 年，有必要提高其价格。但实际上，单注价格只是彩票的"名义"价格，返奖率才是"实际价格"。表 7-3 中英国和加拿大提高单注价格的结果显示，在其他规则不改变的情况下，单纯提高彩票单注价格，只是会使彩票购买者选择号码更加集中，有意择号程度上升，并且这对于彩票销量提高并不能起到太大的正向作用。因此，建议继续保持彩票单注价格 2 元，甚至可以考虑将其下降至 1 元。

在中国，"倍投"会加强彩票购买者有意择号行为，进而提高综合程度指数。目前各支彩票"倍投"注数最高限定 99 注，建议将其减少至 20 注。

8.2.2 策略性提高单注奖金封顶限额

的确如果没有封顶限制，当奖池累计很大，一等奖期望奖金超高时，会引起全社会的彩票狂热（Lotto Fever），但要强调的是，中国彩票单注奖金 500 万元封顶政策，始于 20 世纪末。如今 20 年过去，中国居民收入以及物价水平远超当时情况，而本书也证实了这一政策反而会导致彩票购买者"倍投"行为，这实际上加剧了中国彩票购买者的非理性行为。

不过，按照目前规则，即使没有大奖封顶限制，中国福利彩票双色球的一等奖期望值为 656.1489 万元，中国体育彩票超级大乐透的一等奖奖金期望值为 725.5398 万元，它们只是比 500 万元稍高。因此，即使封顶限额得到提升，也需要对玩法进行调整。

以中国体育彩票超级大乐透为例，我们进一步来说明具体的调整策略。鉴于这种彩票在 2019 年 2 月 20 日刚刚进行玩法调整，需要保持稳定性，因此，从第六等奖至九等奖这些固定奖的中奖条件和奖金以及后区号码不宜改变，可以考虑调整其前区号码数量。

如表 8-1 所示，如果前区号码从目前的 35 增加至 40，一等奖中奖概率将从目前的 21425712 分之一减少至 43428528 分之一，而单注奖金期望值则从 7255398 元增加至 19480342 元。

表 8-1　中国体育彩票超级大乐透前区号码变化时一二等奖奖金的变化

奖级	项目	目前情况	情况一	情况二	情况三	情况四	情况五
	前区号码	35	36	37	38	39	40
中奖概率倒数	一等奖	21425712	24881472	28769202	33128172	37999962	43428528
	二等奖	1071286	1244074	1438460	1656409	1899998	2171426
单注奖金期望值	一等奖	7255398	9098437	11214792	13631302	16376438	19480342
	二等奖	102320	128311	158157	192236	230950	274723

不过鉴于前文 7.2.3 部分的发现，英国国家彩票以及美国强力球和超级百万的中奖难度提高时，彩票购买者的有意择号程度会增加。因此，超级大乐透的难度调整应当逐渐增加而不是一步到位，并在难度调整时，加强对彩票购买者健康投注的引导。

8.2.3 继续从严控制高频类各品种玩法

中国体育彩票高频型与中国福利彩票快开型于 2010 年前后在全国范围销售，随后销量增加迅速。如图 8-1 所示，2018 年每月销量前者在 50 亿元左右，后者在 80 亿元左右。这种彩票开奖频率非常高，以体育彩票"福建 11 选 5"为例，在 2019 年 2 月调整之前，每天上午 8 点至晚上 11 点，每 10 分钟销售一次，每天销售 90 次。

2019 年 1 月 28 日，财政部、民政部、体育总局联合发文（财综〔2019〕4 号）调整高频快开彩票游戏规则，要点包括：每期销售时间一律统一至 20 分钟；"倍投"最高范围从 99 倍减少至 20 倍；销售站点提供历史开奖数据的期次不得超过 20 期；等等。受到这一政策调整的影响，如图 8-1 和图 8-2 所示，从 2019 年 2 月起，两类彩票的销量及其占发行机构销售比例都大幅下降近一半。

2020 年 10 月 23 日，财政部发布《财政部　民政部　体育总局关于有序退市高频快开彩票游戏有关事宜的通知（财综〔2020〕43 号）》，自当年 11 月 1 日起，各省份只保留一款福利彩票快开游戏，2021 年春节休市结束后，所有高频快开游戏全部停止销售。不过中国福利彩票于 2020 年 10 月 28 日在全国 13 个省市试点上市"快乐 8"品种，并于 2021 年逐渐推广至所有省市。截至 2021 年 6 月 30 日，这种彩票每天开奖一次，但在其他方面，玩法与国外的基诺型彩票玩法一致，因此本书将其也归为"快速型"。如图 8-1 和图 8-2 所示，2021 年 3 月起，中国体育彩票高频型彩票销售规模和比例一直都为 0。

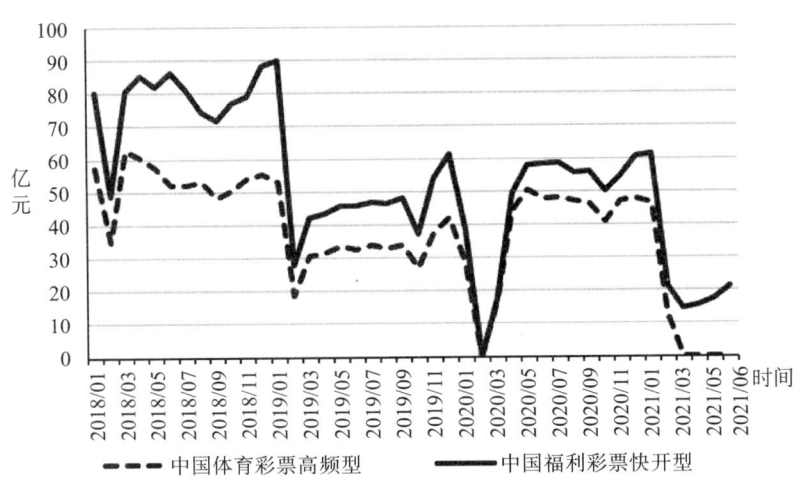

图 8-1　中国体育彩票高频型和福利彩票快开型在
2018 年 1 月至 2021 年 6 月的销售规模

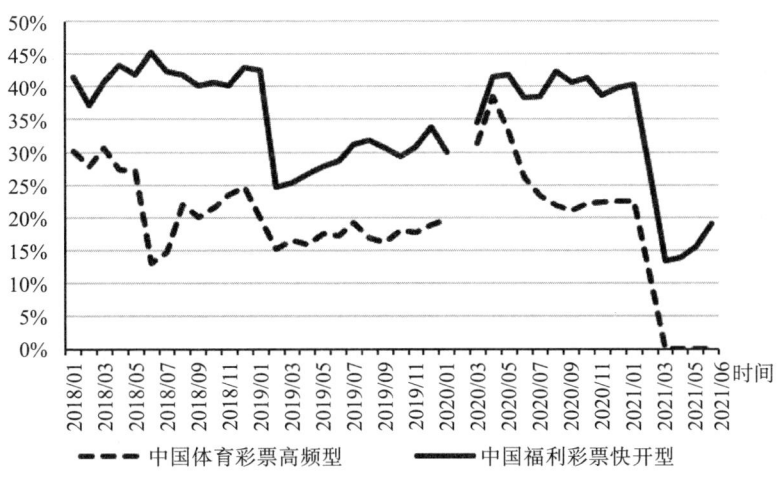

图 8-2　中国体育彩票高频型和福利彩票快开型在
2018 年 1 月至 2021 年 6 月的销售比例

虽然我们尚未获得数据，但根据前文国内外彩票开奖频率变化对综合程度指数的影响，可以断定，这种彩票的购买者有意择号行为应当非常高。因此，上述游戏规则的调整，有助于缓解彩票购买者的非理性行为，应当继续坚持甚至从严，而绝对不能因销量下滑就加以放松甚至废止。

8.2.4　加强跨部门跨领域的交流与合作

中国彩票相关机构，通过制订合理规则，的确可以缓解彩票购买者有意择号行为，但要更有效地发挥这些规则的作用，进而从整体上减轻中国彩票购买者的非理性心理，则并非其一己之力可以实现。

因此，彩票相关机构应当主动与政府部门和社会各界加强联系，共同探讨解决中国彩票购买者非理性程度过高的问题，这也是中国彩票机构履行社会责任的重要体现。

还要强调的是，2014 年 8 月之前，国家体育总局体育彩票管理中心网站也一度发布超级大乐透、七星彩、排列三和排列五等 4 种彩票每一期在每个省市的销售和中奖情况；2020 年 1 月之前，中国福利彩票发行管理中心指定的官方媒体信息发布平台中彩网之前会发布双色球、七星彩和 3D 等 3 种彩票每一期在每个省市的销售和中奖情况。但是，此后中国两家彩票机构不再公布各省市的具体数据，甚至公布的全国销售和中奖情况也是图片格式，这给本来有意探讨中国彩票相关问题的科研人员，带来了极大的困难！

8.2.5 向国际彩票领域推广本书指标体系

中国国家体育总局体育彩票管理中心和民政部中国福利彩票发行管理中心已经是世界销售规模前两大彩票机构，其在国际彩票领域未来的工作，不能仅仅是顺利获得世界彩票协会的最高级认证，还包括获得与自身销售规模相匹配的话语权。

本书所构建的完善成套的彩票购买者有意择号指数体系，可以依托中国国家体育总局体育彩票管理中心和民政部中国福利彩票发行管理中心，向全世界各国推广，从而使其在全世界彩票的理论研究以及丰富责任彩票内涵等诸多方面作出杰出贡献。

8.3 后续性研究

本书只是完成了彩票购买者有意择号指数体系的构建，仍有大量研究工作需要研究。

第一，本书外国彩票还仅限于英国、美国、日本和加拿大等4个发达国家，未来可纳入多个国家尤其是发展中国家的彩票品种，以进行更广泛的跨地域比较。

第二，本书还只是探讨全国彩票购买者的整体情况，一旦获得各省份甚至地市层面数据，就可以更细致地分析各地区彩票购买者的情况，并结合经济和人口统计学指标，找出彩票购买者有意择号程度的影响因素。

第三，本书只是探讨了各项"共性"指标对于各支彩票购买者的有意择号行为的影响，未来可针对单独一支彩票，更"聚焦"地探讨某些"特性"指标的影响。

参考文献

1. Ariyabuddhiphongs, V., & Chanchalermporn, N. (2007). A test of social cognitive theory reciprocal and sequential effects: Hope, superstitious belief and environmental factors among lottery gamblers in Thailand [J]. Journal of Gambling Studies, 23, 201-214.

2. Clotfelter C T, Cook P J. Notes: The "gambler's fallacy" in lottery play [J]. Management Science, 1993, 39 (12): 1521-1525.

3. Cook, Philip J & Charles T. Clotfelter. The Peculiar Scale Economies of Lotto [J]. The American Economic Review, 1993 (83): 634-643.

4. Croson R, Sundal J. The gambler's fallacy and the hot hand: Empirical data from casinos [J]. Journal of risk and uncertainty, 2006, 30 (3): 195-209.

5. Diecidue, Enrico; Ulrich Schmidt & Peter P. Wakker. The Utility of Gambling Reconsidered [J]. Journal of Risk and Uncertainty, 2003, 29: 241-59.

6. Ding J. What numbers to choose for my lottery ticket? Behavior anomalies in the Chinese online lottery market [EB/OL]. 2011. http://citeseerx.ist.psu.edu/viewdoc/downlo ad?doi=10.1.1.884.567&rep=rep1&type=pdf.

7. Eddie, Dekel. On the Evolution of Attitudes towards Risk in Winner-Take-All Games [J]. Journal of Economic Theory, 1999, 87: 125-43.

8. Fama E F. Efficient capital markets: A review of theory and empirical work [J]. The Journal of Finance, 1970, 25 (2): 383-417

9. Farrell, Lisa; G. Lanot; R. Hartley & I. Walker. The Demand for Lotto: The Role of. Conscious Selection [J]. Journal of Business and Economic Statistics, 2000, 18: 228-241.

10. Fong L H N, LAW R, Lam D. An examination of factors driving Chinese gamblers' fallacy bias [J]. Journal of gambling studies, 2014, 30 (3): 757-770.

11. Friedman, Milton & Leonard J. Savage. The Utility Analysis of Choices Involving Risk [J]. Journal of Political Economy, 1948, 56: 279-304.

12. Garrett, Thomas A. & Russell S. Sobel. Gamblers Favor Skewness not Risk:

Further Evidence from United States Lottery Games [J]. Economics Letters, 1999, 63: 85 – 90.

13. Guryan J, Kearney M S. Gambling at lucky stores: Empirical evidence from state lottery sales [J]. American Economic Review, 2008, 98 (1): 458 – 73.

14. Henze N. A statistical and probabilistic analysis of popular lottery tickets [J]. Statistica Neerlandica, 1997, 51 (2): 155 – 163.

15. JI L J, Mcgeorge K, LI Y, et al. Culture and gambling fallacies [J]. SpringerPlus, 2015, 4 (1): 510 – 518.

16. Kahneman D, Tversky A. Prospect theory: An analysis of decision under risk [J]. Econometrica: Journal of the Econometric Society, 1979: 263 – 291.

17. Keren G, Lewis C. The two fallacies of gamblers: Type I and Type II [J]. Organizational Behavior and Human Decision Processes, 1994, 60 (1): 75 – 89.

18. Langer E J, Roth J. Heads I win, tails it's chance: The illusion of control as a function of the sequence of outcomes in a purely chance task [J]. Journal of Personality and Social Psychology, 1975, 32 (6): 951 – 955.

19. Langer, E. The Illusion of Control [J]. Journal of Personality and Social Psychology, 1975, 32: 311 – 28.

20. NG, Yew. K. Why do People Buy Lottery Tickets? Choices Involving Risk and the Indivisibility of Expenditure [J]. Journal of Political Economy, 1965, 73: 530 – 35.

21. Simon J. An analysis of the distribution of combinations chosen by UK national lottery players [J]. Journal of Risk and Uncertainty, 1998, 17 (3): 243 – 277.

22. Suetens S, Galbo – Jorgensen C B, Tyran J R. Predicting lotto numbers: a natural experiment on the gambler's fallacy and the hot – hand fallacy [J]. Journal of the European Economic Association, 2016, 14 (3): 584 – 607.

23. Suetens S, Tyran J R. The gambler's fallacy and gender [J]. Journal of Economic Behavior & Organization, 2012, 83 (1): 118 – 124.

24. Thaler R H, Ziemba W T. Anomalies: Parimutuel betting markets: Racetracks and lotteries [J]. The Journal of Economic Perspectives, 1988, 2 (2): 161 – 174.

25. Wang T V, Van Loon R J D P, Van Den Assem M J, et al. Number preferences in lotteries [J]. Judgment and Decision Making, 2016, 11 (3): 243 – 259.

26. Yuan J. Examining the gambling behaviors of Chinese online lottery gamblers: are they ratenal? [J]. Journal of Gambling Studies, 2015, 31 (2): 573 – 584.

27. Zaman A, Marsaglia G. Random selection of subsets with specified element probabilities [J]. Communications in Statistics - Theory and Methods, 1990, 19 (11): 4419-4434.

28. Zaman A, Marsaglia G. Random selection of subsets with specified element probabilities [J]. Communications in Statistics - Theory and Methods, 1990, 19 (11): 4419-4434.

29. 韩辰. 彩票购买者非理性行为国际比较的定量研究——以7支三位数彩票为例 [D]. 上海师范大学硕士毕业论文, 2018.

30. 何淮中, 李世钦, 林修葳. 赌徒谬误在台湾乐透市场之研究 [J]. 经济论文丛刊 (中国台湾), 2006, 34 (4): 417-444.

31. 李刚. 购买者心理等因素对于数字型彩票销量的影响 [J]. 南大商学评论, 2013 (1): 83-102.

32. 李刚. 数字型彩票购买者心理健康程度在国际和中国省际比较及其影响因素的定量研究 [J]. 体育科学, 2009 (10): 9-16.

33. 李刚. 数字型彩票购买者心理健康程度在国际和中国省际比较及其影响因素的定量研究 [J]. 体育科学, 2009 (10): 9-16.

34. 李刚. 购买者心理等因素对于数字型彩票销量的影响 [J]. 南大商学评论, 2013, 9 (4): 83-102.

35. 李刚. 乐透型彩票购买者心态的定量研究——兼论我国彩票的可投资性 [J]. 体育科学, 2007, 27 (9): 40-48.

36. 李刚. 中国彩票业繁荣状态背后的隐忧及其对策研究 [J]. 体育科学, 2010, 30 (5): 3-14.

37. 李刚, 韩辰, 昂歌尔. 中国体育彩票排列三的有意择号指数构建与国际比较 [J]. 上海体育学院学报, 2018, 42 (6): 42-50, 97.

38. 李刚; 茆训诚. 关于中国足球彩票发展的对策研究 [J]. 体育科学, 2006, 26 (1): 8-30.

39. 李珂. 基于空间面板模型的投资者控制幻觉对彩票销量的影响研究——以数字型彩票为例 [D]. 上海师范大学硕士毕业论文, 2016.